UN TOURNOI
DE
TROIS PUCELLES

EN L'HONNEUR DE

JEANNE D'ARC

LETTRES INÉDITES DE CONRART, DE Mlle DE SCUDÉRY
ET DE Mlle DU MOULIN

PUBLIÉES PAR
MM. ED. DE BARTHÉLEMY ET RENÉ KERVILER

A PARIS

CHEZ ALPHONSE PICARD, LIBRAIRE
RUE BONAPARTE, 82

M. D. CCC. LXXVIII

UN TOURNOI

DE

TROIS PUCELLES

Imprimé par les Éditeurs

BONNEDAME ET FILS, Typographes à ÉPERNAY.

UN TOURNOI
DE
TROIS PUCELLES
EN L'HONNEUR DE
JEANNE D'ARC

LETTRES INÉDITES DE CONRART, DE Mlle DE SCUDÉRY
ET DE Mlle DU MOULIN

PUBLIÉES PAR

MM. ED. DE BARTHÉLEMY ET RENÉ KERVILER

Se trouve
A PARIS
CHEZ ALPHONSE PICARD, LIBRAIRE
RUE BONAPARTE, 82.

M. D. CCC. LXXVIII

A

LA MÉMOIRE

DE

JEANNE D'ARC

PUCELLE D'ORLÉANS

RESPECTUEUX HOMMAGE

DE

DEUX FERVENTS ADMIRATEURS

DE SA VAILLANCE

ET

DE SA CHASTETÉ

PRÉFACE

La Pucelle d'Orléans a-t-elle mérité son nom ? Cela ne fait de doute aujourd'hui pour personne. Une auréole de pureté brille autour de l'armure de la sainte libératrice, et les pires calomnies des Anglais n'ont pu réussir à en ternir l'éclat immaculé. Mais au XVIIe siècle, on ne connaissait pas tous les documents précieux qui ont permis aux vaillants historiens de Jeanne de venger sa mémoire : la question se discutait encore, et lorsque Chapelain entreprit la publication de son fameux poëme, elle fut inscrite à l'ordre du jour de certains cercles littéraires. Nous avons trouvé sur ce sujet qui intéresse au plus haut point notre histoire nationale, une série de dissertations fort curieuses dans les recueils de lettres formés par le ministre protestant Rivet, à l'occasion de sa correspondance avec l'académicien Conrart et conservés aujourd'hui en Hollande, dans les bibliothèques de La Haye et de Leyde.

On connaît fort peu en France les richesses historiques qui nous concernent, accumulées dans les dépôts publics étrangers. Les archives de Venise et de Saint-Pétersbourg ont déjà fourni à de zélés chercheurs des matériaux de premier ordre pour élucider une foule de questions délicates sur les périodes les plus diverses de notre histoire politique ou littéraire. Nous avons la conviction que les archives de la Hollande, explorées avec discernement et méthode, fourniraient, sur le XVIIe siècle en particulier, une mine presque inépuisable de surprises de toute nature. Nos relations avec les Pays-Bas furent très-multipliées à cette époque à cause du refuge assuré qu'ils offraient à un grand nombre de notabilités du parti calviniste.

Les Universités de Hollande prenaient volontiers pour professeurs, les princes de la maison d'Orange, pour précepteurs et pour secrétaires, des ministres ou des érudits sortis des officines de Saumur, de Montauban et de La Rochelle. Les célèbres imprimeries des

Elzéviers, des Plantins et des Blaeu entretenaient ces relations d'une manière absolument continue, et les correspondances françaises s'acclimatèrent tellement en ce pays que plusieurs de ses villes ont gardé depuis ce temps un véritable culte pour notre langue.

En préparant sur Valentin Conrart, le véritable fondateur et le premier secrétaire perpétuel de l'Académie française, un travail considérable (1), nous apprîmes que pendant une assez longue période, l'homme *au silence prudent*, pour parler comme Boileau qui n'a pas su apprécier sa valeur, entretint un commerce de lettres très-actif avec son coreligionnaire André Rivet qui, longtemps professeur à l'Université de Leyde, devint recteur du collége de Bréda, où il mourut en 1651. Un heureux concours de circonstances permit que les volumes manuscrits qui contiennent ces correspondances nous fussent communiqués par l'intermédiaire des deux gouvernements, à qui nous adressons ici nos remerciements les plus sincères, et nous eûmes la bonne fortune de rencontrer dans ces recueils, outre les lettres

(1) Librairie académique de Didier et Ce, 1 vol. In-18

de Conrart à Rivet, un assez grand nombre de dissertations ou de pièces inédites qui présentent un intérêt historique considérable. Les documents qui suivent appartiennent à cette catégorie et nous n'avons pas besoin d'une plus longue entrée en matière pour en faire ressortir le mérite : un pédant commentaire en gâterait tout le charme. Disons seulement que Rivet ayant insinué dans l'un de ses ouvrages que rien ne prouvait la chasteté de Jeanne au milieu de la vie des camps pendant les guerres de la délivrance, Mlle de Scudéry, alors en Provence chez son frère le gouverneur poète de Notre-Dame-de-la-Garde, entreprit la défense de l'héroïne et voulut intéresser dans la querelle la célèbre Anne de Schurmann, cette dixième muse aux pieds de laquelle les plus grands érudits de l'époque déposèrent leurs respectueux hommages, et Mlle du Moulin, nièce de Rivet et fille du fameux ministre protestant de ce nom. Conrart devint le juge du camp dans ce piquant tournoi qui devait tourner à la plus grande gloire de Jeanne d'Arc, et nous nous contenterons d'exposer simplement, sans plus de discours, toutes les pièces de ce curieux procès. Il n'est pas inutile de faire remarquer cependant, que MM. Boutron et Rathery, qui ont publié il y a quelques années un gros volume de toutes les lettres connues de Mlle de Scudéry, n'ont pas même mentionné celles que nous offrons aujourd'hui aux admirateurs de la Pucelle, sauf quelques fragments que nous signalerons en leur lieu et qu'ils ont empruntés au *Bulletin de la Société de l'histoire du protestantisme français.*

La dissertation inédite de Sapho, qui ouvre notre recueil, est pourtant l'une des meilleures qui soient sorties de cette plume célèbre. La gloire de son sexe était intéressée dans la question ; c'est un véritable plaidoyer *pro domo sua.* Nous ne doutons pas qu'on ne trouve, comme nous, l'avocat digne de la défense.

I

Mademoiselle de Scudéry à Conrart.

Marseille, 1er décembre 1646.

Monsieur, si j'avois un peu plus de droit par mon propre mérite à l'amitié que vous m'avez fait l'honneur de me promettre, je me plaindrois volontiers de ce que vous ne vous plaignez pas de mon silence, et je ne trouverois pas bon peut estre, que vous n'eussiez point trouvé mauvais que j'aye esté deux mois sans répondre à vostre dernière lettre : mais comme je n'en ay point d'autre que celuy que vous mesme m'avez donné, je ne murmureray point contre vous de ce que vous n'avez pas murmuray contre moy, et sans me justifier exactement d'une chose dont vous ne m'avez pas mesme voulu faire la grâce de m'accuser, je me contenteray de vous dire pour ma propre satisfaction que si j'ay interrompu cet agréable commerce de lettres que vous avez souffert qui fut entre nous, ce n'a esté que pendant le temps que j'avois espéray d'aller bientost vous dire moy mesme auquel point j'honore vostre vertu. Mais cette cause ayant cessé, je n'ay peu tarder davantage à vous demander la continuation d'un bien qui m'est devenu si nécessaire que je ne m'en sçaurois plus passer. Tous les courriers qui ne m'apportent point de vos lettres me rendent aussy triste que sy ils m'avoyent apporté quelque fascheuse nouvelle, et vous m'avez de telle sorte accoustumée à recepvoir les marques de vostre amitié, qu'il s'en faut que je ne croye que vous me dérobez toutes celles que vous ne me donnez pas et que vous me pourriez donner. Je ne doute pas, monsieur, que vous ne trouviez un peu d'injustice en ce discours : aussy suis-je résolu de le quitter pour vous rendre grâces de toutes celles que vous avez faittes à M. Mascaron (1), quoy que je sçache bien que puisque desjà vous l'avez cogneu, ma considération n'a plus eu de lieu et que la sienne toute seule vous à deu obliger à faire ce que vous avez faict : mais comme depuis son retour, il m'a donné cent tesmoignages de recognoissance, j'ay creu qu'il estoit à propos de faire envers vous ce qu'il fait envers moy, et de vous rendre avec justice ce qu'il ne me rend que par excès de civilité ; entre tant de soins qu'il a voulu prendre de chercher les occasions de m'obliger, celuy qu'il a eu de m'apporter cet agréable traité de l'illustre Anne Marie de

(1) Il s'agit du père du célèbre oratorien : il était avocat à Marseille, où se trouvait Mlle de Scudéry ; il a laissé des Discours et une Vie de Coriolan. Jules naquit à Marseille en 1634.

Schurmann (1) et la responce de M. Rivet (2) n'a pas esté des moins considérables.

Il y a longtemps que le mérite de cette merveilleuse fille a touché mon esprit d'une façon toute particulière, et quoy que les excellentes qualitez qu'elle possède passent de beaucoup ma cognoissance qui est extresmement bornée, je ne laisse pas de regarder cet astre de septentrion avec plus d'admiration et de plaisir que le soleil de Provence, bien qu'à mon advis l'or de ses rayons soit icy plus pur et plus lumineux qu'en nul autre endroit de la terre. Il y a mesme cette conformité entre cette sçavante fille et ce bel astre qu'elle parle le langage de tous les peuples qu'il éclaire, qu'elle en est cogneue aussy bien que luy et que l'on diroit qu'ils ont entrepris également de faire le tour du monde. Pour moy, monsieur, qui n'ose seulement me vanter d'entendre ma langue naturelle, je n'ay garde d'entreprendre icy son esloge, et bien que j'aye appris autrefois à

(1) Anne de Schurmann née à Cologne en 1607, fut une des femmes les plus érudites de son temps. On peut en juger par le titre de ses œuvres que Spanheim publia en 1648 à Leyde : *Opuscula hebræa, græca, latina, gallica, prosica et metrica*. La reine Christine, la princesse Marie de Gonzague et la duchesse de Longueville la visitèrent dans sa retraite d'Utrecht. Elle mourut en 1678.

(2) André Rivet, célèbre ministre protestant, né à St-Maixent près de Niort en 1572, prit une chaire en 1619 à l'université de Leyde et devint directeur du collége de Bréda où il mourut en 1651.

crayonner, je ne me fie pas assez à mon industrie pour oser faire son portrait; mes couleurs sont trop sombres pour l'entreprendre, et je suis trop glorieuse pour me mesler d'une chose dont je m'acquitterois si mal. Il suffit donc que je vous die seulement que j'ay pour sa vertu toute la vénération possible, que j'ay pour ses escrits toute l'estime dont ils sont dignes et que ce ne m'est pas petite mortification de sçavoir qu'il n'y a pas moyen de changer la carte, et de faire que les diverses provinces qui nous séparent ne m'empeschent plus d'espérer de la voir et de l'entendre. Quelques uns de ceux qui ont eu ce bonheur m'ont dit une chose que je n'oserois quasy vous dire pour sa gloire, et dont je ne puis pourtant m'empescher de vous faire une confidence pour la mienne: c'est, monsieur, que ceux dont je parle m'ont asseurée qu'il y avoit quelque légère et imparfaite ressemblance de l'air du visage de cette rare personne au mien. Jugez, s'il vous plaist, monsieur, quel advantage j'en dois tirer: mais jugez en mesme temps, je vous en conjure, de mon malheur, qui a fait qu'ayant à ressembler à une personne si admirable, ce n'ait esté que de la manière la moins advantageuse, et que de tant de lumières dont son esprit est remply, il n'y en ait pas eu seulement un rayon qui ait esclairé le mien.

Quoy qu'il en soit, il ne faut pas murmurer contre celui qui ne fait rien avec injustice: mais je vous advoüe, que si je l'osois, je murmurerois un peu contre M. Rivet de celle qu'il a eüe pour cette sainte fille dont nostre illustre amy, M. Chapelain, chante la gloire avec tant d'esclat (1). Ce n'est pas que je n'admire la beauté de son esprit, la solidité de son raisonnement, la force de son éloquence, et que, pour tout dire, je ne le croye digne frère d'alliance de l'excellente fille qu'il a adoptée : mais, monsieur, en nostre endroit il me pardonnera, s'il luy plaist, aussy bien que M. Colletet qui ne l'a que trop fidellement traduit (2), si je l'accuse d'un peu d'inhumanité et de préoccupation d'avoir voulu mettre en doubte la pureté de cette innocente bergère de qui la houlette sauva les sceptres, et de qui Dieu voulut se servir comme d'un ange exterminateur pour chasser les ennemis de son royaume et pour dellivrer sa patrie. Je vous ay toujours connu si généreux, que je ne sçaurois croire que vous ne me pardonniez la bardiesse que je prends de vous demander secours affin d'obliger M. Rivet à faire une révocation publique

(1) Chapelain n'avait pas encore publié son poëme de la Pucelle dont les 12 premiers chants parurent en 1656. Voir *Chapelain vengé* étude biographique et littéraire par René Kerviler, Paris, Claudin 1878, In-12 : et l'étude du même auteur sur Chapelain dans la *Revue de Bretagne et de Vendée* (Mars-Décembre 1875), formant le chapitre III de *la Bretagne à l'Académie française au* XVIIe *siècle*, ouvrage couronné par l'Académie au mois d'août 1877.

(2) Guillaume Colletet, de l'Académie française, venait de traduire les lettres latines de Rivet et de Mlle de Schurmann.

à cette chaste guerrière, et que vous ne trouviez pas bon que dans le zèle qui m'emporte, je tasche de justifier cette illustre accusée.

Mais auparavant je voudrois bien descouvrir par quels sentimens un homme d'autant d'esprit que celuy dont je parle, a peu se porter à insulter sur une personne extraordinaire, sur une personne qui a fait de si grandes choses, sur une personne qui a sauvé son pays et qui a passé en une autre vie il y a plus de deux cens ans. Tout de bon, quand je pense qu'un homme qui vit sous le règne de Louis XIIII, fait remonter sa haine jusqu'à celuy de Charles VII, je ne puis assez m'estonner; et après en avoir bien cherché la cause, je n'en ay point trouvé d'assez fortes pour l'excuser. Ce n'est pas que je ne croye qu'estant de mesme religion que les Anglais, et n'estant pas si équitable que vous qui en estes aussy, cette conformité luy fait haïr la mémoire de celle qui les battit, qui les chassa et qui leur arracha la victoire qu'ils avoyent quasi emportée; mais si cet injuste sentiment a causé sa haine, elle est certes très mal fondée, car, comme vous le sçavez mieux que moy, les Angloys de ce temps là n'estoyent pas ce que sont ceux de celuy-cy; et tant de fameux temples qu'ils ont bastys en Normandie et tant de belles images qui les ornoyent et qui les ornent encore, font assez voir que s'il les ayme pour cette raison, il faut que ce ne soit que comme les ayeuls et les bisayeuls de ceux qui vivent aujourd'huy. Encor cet ingénieux et agréable démon que M. Chapelain introduit dans son ouvrage (1) et qui leur rend de si bons offices quoy qu'en apparence ils ne fussent pas lors de mesme party, a sa raison cachée qui l'y porte; et cette rare prévoyance qui luy fait voir qu'ils se rangeront un jour de son costé, fait que j'approuve tout ce qu'il fait à leur advantage, que je loüe son intention et que j'admire celuy qui le fait bien agir; mais que M. Rivet veüille s'interesser au party des Anglais au delà... du règne d'Anne de Boulène, c'est sans doubte ce que je ne puis trouver équitable, et c'est, si je ne me trompe, ce que vous n'approuverez pas et ce que l'illustre Anne Marie de Schurmann n'excuseroit point en tout autre personne qu'en celle d'un homme qu'elle a jugé digne d'estre son père d'alliance. Restablissez donc, je vous en prie, la réputation de nostre sainte guerrière en l'esprit de cette sage fille, faites qu'elle efface de l'original qu'elle a entre les mains cette cruelle ligne qui met sa vertu en doubte, car comme le premier des Césars disoit que ce n'estoit pas assez à la femme de César d'estre chaste, et qu'il falloit encore qu'elle ne fust pas soupçonnée, de mesme je trouve que ce n'est pas

(1) Chapelain travaillait à son poeme depuis près de vingt ans: il en avait lu des fragments dans les sociétés littéraires et c'est ainsi que Mlle de Scudery en connaissait déjà le plan et bien des taiis.

assez à nostre sainte amazone qui est devenue fille par adoption de M. Chappelain d'estre effectivement vertueuse, sy elle n'est encore exempte de soubçon et de calomnie.

Pour moy, qui suis d'humeur à m'intéresser pour l'innocence opprimée et qui me suis attachée aux intérêts de cette sainte par plus d'une raison, je vous advoüe que j'ay recherché sa vie avecques assez de soing : je m'en suis informée à tous ceux qui m'en pouvoient apporter des nouvelles : j'ay escousté ses ennemis aussy bien que ses amis, ceux qu'elle a vaincus aussy bien que ceux qu'elle a rendus victorieux ; et sans me laisser préoccuper par les louanges des uns ny suborner par les invectives des autres, j'ay examiné autant que je l'ay peu faire toute la conduite de sa vie avec une exactitude extrême ; et après cela j'ay trouvé que cette personne estoit une personne sans doubte envoyée du ciel. L'innocence de son éducation, la modestie de ses regards, la simplicité de ses paroles, la pureté de ses mœurs, le peu de magnificence de ses habillements, le peu d'ambition qu'elle témoigna pour l'agrandissement de sa famille, le soin qu'elle eut de faire chasser de l'armée toutes les personnes infâmes qui s'y trouvèrent, sans parler mesme de ses révélations, de la cognoissance qu'elle eust du roy d'une façon merveilleuse, de cette valeur non pareille dont elle donna de sy belles marques, de l'ardeur qu'elle avoit à implorer Dieu en tous ses desseins et de la constance de sa mort... sans parler, dis-je, de toutes ces choses, il est aisé de voir que sa mission luy avoit esté donnée du ciel et que sa vertu estoit sans tache. En effet dans l'histoire de France que de Serres (1) a faicte, vous voyez l'injustice de sa condamnation sy claire que l'on n'en sçauroit doubter. Il dit en termes exprès, parlant des théologiens qui la jugèrent coupable, que tout ainsy qu'autrefois on faisait parler l'oracle d'Apollon pour de l'argent, tantost pour Philippe de Macédone et tantôt pour les Athéniens, de mesme les Angloys par la même voye, firent prononcer contre Jeanne d'Arc la plus injuste sentence qui fust jamais prononcée. Cependant, monsieur, celuy qui deffend cette sainte fille, comme vous ne l'ignorez pas, n'approuvoit pas l'intercession des saincts. Il estoit de la religion de M. Rivet, et néanmoins il en a parlé sans passion, et n'a pas escrit une seule parole à son désavantage. On observe mesme que peu de temps après sa mort, un homme de qualité d'Angleterre et qui devoit avoir de l'esprit, dit avec autant de sincérité que de galanterie, que Jeanne d'Arc eust esté une excellente fille sy elle eust esté Angloise; et un secrétaire d'Edouart qui

(1) Jean de Serres (1540-1598), ministre protestant et frère du fameux agriculteur Olivier de Serres, fut nommé par Henri IV, en 1597, historiographe de France, l'année même où il publia son *Inventaire général de l'histoire de France*, Paris 1597, In-16,

réguoit alors ne peut s'empescher de dire qu'il estoit mort en cette personne une fidelle chrestienne qui seroit sans doubte cause de la perte de ceux qui l'avoyent condamné, comme en effet et vous sçavez qu'ils périrent tous misérablement. L'évesque de Beauvais mourut d'une façon toute extraordinaire; le promoteur qui pressé par les remords de sa conscience vouloit luy aller demander pardon avant qu'on la fist mourir, fust chassé par les Anglois et mourut de désespoir et de confusion: peu de jours après un autre fut frappé de cette maladie terrible dont jamais personne n'a guéri sans miracle, et tous enfin par une mort précipitée ont donné une instruction forte et convaincante que la vie de l'ilustre Jeanne a esté sans tache. De plus dans son procès mesme on ne l'a point accusée d'avoir terny sa pureté: on a dit qu'elle estoit sorcière, enchanteresse, schismatique et qu'elle estoit criminelle d'avoir porté un babillement d'un sexe différend du sien, mais on n'a point dit qu'elle eust les artifices d'une courtisane, que ses actions ou ses paroles eussent quelque chose qui choquast la véritable modestie. Le roy d'Angleterre luy-mesme escrivant au duc de Bourgoigne pour se réjouyr de sa mort et luy rapportant tous ses crimes prétendus, n'a dit pas une parole de celuy-là et tesmoigne assez par son silence l'injustice de ceux qui l'en accusent.

Cependant, monsieur, avant que de la justifier de

ses charmes, de ses erreurs et de son déguisement et de faire veoir à M. Rivet que mesme son supplice ne luy doibt pas estre honteux comme il croit, je vous supplie très humblement de considérer sy je n'ay pas raison de soubtenir qu'il a eu tort de se porter ainsy sans subjet à blasmer cette sainte guerrière et d'autant plus qu'en l'endroit où il en parle, il nomme deux femmes de l'escriture qui n'ont pas esté déshonorées pour avoir employé des armes et pour avoir tué des hommes.

Ne pensez pas toutefois, monsieur, par ce que je dis et par ce que je vais dire que je sois devenue vaillante, depuis que je n'ay eu l'honneur de vous voir, ny que j'aye dessein d'aller entreprendre de secourir la Candie contre les efforts du Turc. Je serois peut estre assez adroite pour broder une escharpe avec de l'or et de la soye, et mesme assez heureuse, sy vous le voulés, pour trouver dans ma mémoire quelque devise espagnole ou italienne assez galante pour mettre sur un bouclier; mais je ne seray jamais assez courageuse ny assez desraisonnable pour conseiller à une personne de mon sexe de se servir de l'une ny de l'autre, sy ce n'est pour se faire peindre en Pallas. Je scay mieux que cela jusques où doibt aller la générosité des femmes et bien loin de vouloir qu'elles aillent à la guerrē, je ne trouve quasy pas bon qu'elles en parlent souvent. Les Clorindes, les Marphises et les Bradamantes ne me semblent aymables dans le Tasse et dans l'Arioste, non plus qu'à M. de Balzac, et les amazones mesme toutes galantes qu'elles paroissent en peinture, ne me plairoyent pas. En effet, ce que ce grand homme a dit des vaillants de Gascogne n'a pas esté moins justement qu'agréablement prononcé. Je n'appelleray jamais de cet arrest souverain; mais, monsieur, en l'affaire dont il s'agit, il ne faut pas regarder la bienséance ordinaire. Dieu a ses reigles à part et lorsqu'il se mesle d'une chose, ce n'est plus aux hommes à s'en mesler. En effet, en l'histoire des deux femmes que M. Rivet a nommées qui sont, sy ma mémoire ne me trompe, Débora et Jahel, on n'y voit rien qui ne soit fort opposé à cette bienséance dont je parle ; la première dont je parle estoit tout à la fois juge et général d'armée ; cependant quoy que ces deux fonctions l'obligeassent sans doubte à ne converser qu'avec des hommes, à ne traiter qu'avec des capitaines et à estre souvent avec des soldats, il ne se trouve point que sa réputation en ait estée blessée ; pour l'autre, sy l'on jugeoit de son action par les sentiments de la générosité commune, et que l'on eust l'audace de ne vouloir pas soubmettre sa raison à ces véritez éternelles sans s'informer seulement pourquoy Dieu a agy de telle sorte, Jahel paroistroit non-seulement une personne peu généreuse mais encore fort cruelle ; Sysara estant vaincu s'enfuit dans la taute du mary de cette femme : d'abort qu'il y entre il la trouve, il luy demande un asile, elle luy accorde, elle le cache, elle fait l'officieuse autour de luy ; il luy donne commission de faire sentinelle pour le garder ; elle l'accepte ; lassé qu'il estoit de combattre et accablé de douleur de sa défaite, il s'endort sur l'asseurance qu'elle luy avoit donnée, et cette femme prenant un des clous du tabernacle, l'appuie sur une tempe de ce malheureux endormy et haussant le bras et frappant avec violence elle luy traverse la teste et luy fait dormir éternellement : ne m'advoüerez-vous pas, monsieur, que qui jugeroit de cette action comme M. Rivet veut juger de celle de nostre guerrière, on diroit que cette femme viola quasy toutes sortes de droits ? Premièrement celuy d'hospitalité n'avoit point de lieu auprès d'elle ; secondement elle manquoit à sa promesse, elle faisoit une trahison, elle commettoit un assassinat, elle renonçoit à toute sorte de générosité. Car enfin je suis bien asseurée que s Alexander qui pleura sur le corps de son ennemy l'eust trouvé vivant, non pas en la posture qu'estoit Sisara, non pas dans la tante, non pas endormy, mais seulement escorté de ses troupes et peu accompagné, il ne l'auroit pas fait tuer par les siens, bien loin de le tuer luy mesme. Cependant cette femme qui selon les sentimens humains paroissoit sy injuste, sy cruelle et sy peu généreuse, est bénite dans l'Escriture, et mérite sans doubte de l'estre, puisqu'à parler raisonnablement les serviteurs de Dieu ne sont pas les nostres, et c'est pour cela que l'on ne doibt pas regarder la sainte que je défends comme une personne ordinaire.

Mais pour dire quelque chose de plus fort encore et pour faire veoir que sur des simples apparences il ne faut pas tirer de mauvaises conjectures contre des personnes choisies dont Dieu se veut servir pour de grandes choses, souffrez s'il vous plaist, monsieur, puisque je suis sy avant dans l'Escriture, que je me serve encore de la courageuse Judith en cette rencontre, affin de faire paroistre à M. Rivet que s'il eust eu la mesme indulgence pour la Pucelle que les habitans de Béthulie eurent pour cette sainte vefve, il n'en auroit pas parlé comme il a fait, et auroit, sans doubte, plustost creu la pure vérité de l'histoire que les impostures de la calomnie. En effet sy lorsque Judith prist la résolution de sortir de la ville, quelque personne qui eust eu l'esprit un peu plus délicat et un peu mal intentionné eust pris garde à ses actions, au lieu de luy ouvrir les portes, on les luy auroit fermées; car quelle apparence y auroit-il que cette femme eust un bon dessein, elle qui ne le vouloit point descouvrir à ceux qui y avoient autant d'intérest qu'elle y en pourroit avoir? et que pourroit-on penser d'une femme qui estoit jeune, admirablement belle et que l'on avoit veüe tout un jour à friser ses cheveux, à choisir ses parfums, ses bracelets, ses paudants d'oreilles et ses habillements les plus magnifiques, qui, outre toutes ces choses, s'en alloit sans autre escorte qu'une simple femme et qui s'en alloit de nuict dans un camp ennemi où la victoire avoit mis la violence dans le cœur de tous les soldats, et dont le général ne passoit pas pour un homme de qui la vertu fust accoutumée de vaincre ses passions? Que pourroit-on, dis-je, espérer de ceste entreprise? Ne pourroit-on pas penser que Judith n'avoit consulté son miroir que pour se rendre plus capable de donner de l'amour à Holopherne? qu'elle ne vouloit sortir de la ville que de peur que sy elle estoit prise par assaut elle ne se trouvast enveloppée dans la multitude sans estre considérée du général, et qu'enfin elle ne vouloit aller vers lui que pour faire sa capitulation à part et pour rentrer peut estre dans Bétulye dans le mesme char du victorieux? Cependant il n'en alla pas ainsy : les prestres qui luy ouvrirent les portes, n'expliquèrent point mal ses intentions; au contraire, sans sçavoir rien de ce qu'elle projettoit, ils firent des vœux pour l'exécution de son dessein, mais ils portèrent bien encore leur respect plus avant, car lorsqu'à son retour Judith leur eust raconté comme elle avoit esté prise à la pointe du jour par les sentinelles du camp, qu'ensuitte ils l'avoyent menée à leur général qui en estoit amoureux, qu'elle avoit passé trois jours dans la tente où il tenoit ses trésors, que le dernier soir elle avoit souppé à sa table et estoit demeurée seule avec luy dans son pavillon et qu'enfin elle lui avoit coupé la teste sans que luy ny les siens eussent entrepris aucune violence contre elle, ils la creurent et sans chercher sy la chose estoit absolument sage, elle triompha, on luy donna tous les thrésors de celuy qu'elle avoit vaincu ; sa pureté ne fut point mise en doute, nul ne fut assez hardy pour en concevoir une mauvaise pensée et il ne paroist mesme point que l'on s'informast d'Elbra qui l'avoit suivie si elle estoit véritable en son récit, et la puissance de Dieu fust tellement respectée en cette personne qu'elle passa le reste de ses jours avec plus d'honneur que nulle n'en a jamais receu.

Cependant, monsieur, il est certain qu'à juger des choses par les apparances humaines, l'action de Judith pouvoit estre plus propre à estre mal expliquée que celle de nostre guerrière, puisque sy l'illustre Jeanne fust à la cour et à l'armée, elle y fust soubs la conduite de ses frères qui ne l'abbandonnèrent jamais: elle y fust sans autre ornement à sa beauté que sa modestie naturelle, et elle y fust avec des armes qui eussent bien esté capables de la défendre des insolents, puisqu'elles le furent de vaincre de si puissants ennemis, au lieu que Judith s'en alla seule, s'en alla avec une femme parée, et s'en alla sans armes, car ce fust du coutelas mesme d'Holopherne qu'elle luy osta la vie. De plus la guerrière que je défends commandoit à l'armée où elle estoit, et la chaste Judith s'exposoit à la fureur de ses plus mortels ennemis ; ce que Jeanne entreprist, quoyque grand et extraordinaire, ne paroissoit pourtant pas absolument impossible ; elle avoit de braves gens avec elle, et quoyque ses troupes fussent faibles, ce n'estoit pourtant pas une chose que la prudence ordinaire ne luy auroit jamais persuadé qu'il y eust de l'infaillibilité en ce qu'elle entreprenoit. Il pouvoit arriver, quoyque belle, que Judith n'eust point donné d'amour à Holophernes, ou que s'il en eust eu, cette passion eust esté fatale à son honneur; elle ne pouvoit pas deviner sans le secours d'en haut qu'Holophernes l'envoyant quérir s'enivreroit et s'endormiroit aussitôt après avoir souppé; elle ne pouvoit pas non plus prévoir qu'elle trouveroit son coutelas au chevet de son lit et que nul de ses gardes ne demeureroit dans la tente. Cependant quoy qu'elle ne peust prévoir aucune de ces choses, elle entreprist ce que le Ciel luy inspiroit, elle l'exécuta et elle fist sans doute ce qu'elle devoit faire en se laissant conduire par une voye sy peu commune, puisque Dieu l'y avoit appellée : mais on peut dire aussy que la vocation de la Pucelle paroist encore plus forte. Judith ne reçoit ses inspirations que dans son oratoire, et l'autre n'entreprend de faire la guerre qu'après plusieurs révélations, qu'après avoir souvent oüy les voix sans corps dont elle parla sy souvent à ses juges pendant sa prison; car bien que ces voix la troublent et que ces apparitions merveilleuses la pressent, elle y résiste longtemps, elle ayme ses prayries et ses troupeaux, elle ne peut se résoudre de préférer le son esclattant des trompettes à celuy des musettes et des hautbois ; et l'on ne peut quasy dire qu'elle se porta à prendre une espée qu'après que l'ange luy eust arraché la houlette de la main et dispersé ses moutons. Que M. Rivet cesse donc d'accuser la sainte guerrière d'un crime si opposé à sa modestie ; qu'il ait pour elle un respect pareil à celuy qu'eurent ceux de Béthulie pour Judith, puisqu'après tout le Dieu d'Israël est le mesme que nous adorons, et que les merveilles qu'il produit ne sont pas moins admirables aux derniers siècles qu'aux premiers.

Mais pour m'acquiter de ma promesse, bien que ce soit faire une chose inutile et téméraire après l'apologie qu'en a faicte le grand Gerson (1), je vous diray que selon mon sens on ne peut mieux justifier la sainte des enchantements dont elle estoit accusée que par la mesme voye qu'Alexander fut désabusé d'estre fils de Jupiter lorsqu'en voyant couler son

(1) « Six jours après le siége (d'Orléans), Gerson publia et répan-« dit un traité où il prouvait qu'on pouvait bien, sans offenser la « raison, rapporter à Dieu ce merveilleux événement. *(Gersonis « opera, IV, 859.)* Il n'est pas sûr que ce pamphlet soit de Ger-« son. » (Michelet, *Hist. de France,* nouvelle édition, 1876, tom. VI, p. 202.)

sang, il connut qu'il n'estoit que le fils de Philippe; car enfin, les blessures qu'elle receut en deux occasions différentes prouvent qu'elle n'avoit pas du moins de ces carractères que l'on dit qui rendent invulnérables ceux qui les portent, car il n'est pas croiable que sy elle eust traisté avec les démons à condition qu'ils luy feroyent vaincre les Anglois elle eust oublié un article de cette importance, elle auroit autant songé à sa conservation qu'à leur deffaite et n'auroit pas manqué de laisser voir après sa prise à ses ennemis quelques unes de ces marques dont on dit que les cérémonies des sortiléges ne se peuvent passer. Mais, me dira-t-on, sy ses blessures sont des preuves de son innocence pour les enchantements dont elle estoit accusée, ce n'en sont pas de la protection du Ciel dont elle se vantoit, car sy elle avoit un ange qui la conduisoit, que ne destournoit-il tous les coups qui s'adressoient à elle et que n'empeschoit-il qu'on ne la fist prisonnière? Cette objection qui paroist assez forte n'est pourtant pas invincible, puisque je n'en voy pas pourquoy il faut de nécessité que Dieu, lorsqu'il a fait un miracle, le face éternellement. Quand il arresta le soleil en faveur de Josué, ce ne fust que pour autant de temps qu'il luy en fallut pour remporter sa victoire, et s'il a permis que la Pucelle eust esté prise ça esté parcequ'elle avoit achevé ce qu'il avoit ordonné qu'elle feroit; Charles (....) estoit remis dans le throsne, et elle n'estoit plus nécessaire à le soubstenir. Que si durant qu'elle combattit, il suspendit sa puissance pour quelques moments aux deux occasions où elle fust blessée, ce fut sans doubte une grâce que Dieu lui fist, et craignit que sa modestie ne s'amoindrit, qu'elle ne creust exécuter par elle mesme ce qu'elle ne faisoit que par une puissance empruntée; et ce fust peut estre par ce glorieux artifice qu'il fist, qu'au milieu de tant de victoires, tant de triomphes et tant d'acclamations publiques, on ne luy vit jamais ny présomption ny orgueil, et que sans quitter l'humilité d'une bergère on ne laissa pas de la voir combattre comme un lion.

Quant à ce qu'on luy reproche du déguisement de son habit, il est certain que se trouvant certaines marques dans l'Escriture que cette action est crimynelle, il semble qu'il ne soit pas aysé de l'excuser. Néanmoins je ne juge pas qu'il soit impossible: qui sçait sy ce livre sacré que les plus sçavants mesmes sont contraints d'advoüer de n'entendre jamais parfaitement ne peut pas recepvoir en ce passage quelque explication qui leur est inconnue! J'ay ouy dire à plusieurs d'esprit et de sçavoir qu'il n'y faut pas toujours prendre le sens selon la simple explication des paroles, qu'il y a plusieurs choses qui semblent contraires et qui ne le sont pas et qu'il est aussy facile que dangereux de s'y tromper. En effet qui considérera au pied de la lettre la deffense que Dieu a faite de tuer trouvera que ces femmes célèbres que j'ay desjà nommées seront fort criminelles, puisqu'il paroist qu'il y en eust deux qui tuèrent deux hommes de leur main, Sysara et Holophernes : cependant ces meurtres ne noircissent ny leur conscience ny leur réputation. Dieu les récompense au lieu de les punir, et quoy qu'il ait dit: tu ne tueras point, tout le monde ne laisse pas de sçavoir qu'il y a des guerres légitimes et l'on peut en certaines occasions faire des ruisseaux de sang sans se rendre criminel. Cela estant ainsy, il me semble qu'il ne faloit pas tant insulter sur la saincte pour une chose plus aisée à concilier que celle là, car puisque Dieu, toutes les fois qu'il a voulu employer le ministère des anges pour exécuter ses commandemens leur a permis de se former un corps proportionné aux choses qu'il désiroit d'eux et qu'il a souffert que celuy qui conduisoit Tobie parust comme un voyageur, que ceux qu'Abraham reçut chez luy et celuy que la Magdelaine vit au sepulchre eussent des robes de couleurs différentes, pourquoy ne voulez-vous pas que Dieu qui vouloit opérer de si grandes choses par le moyen de cet ange visible luy ait permis non pas de se former un corps, puisqu'il n'en estoit pas besoing, mais de changer ses habillemens de bergère en ceux de redoutable héros et le fer de la houlette en ceste merveilleuse espée que l'on trouva miraculeusement au lieu mesme qu'elle avoit marqué; pour ce qui engage l'hérésie dont on l'accusoit, je ne m'engage pas en des discours où mon ignorance seroit trop visible, où une bonne cause seroit mal soutenüe et dont vous tireriez peu de satisfaction ; aussi bien ne pensé-je pas que l'on y puisse respondre d'une manière plus authentique que de dire pour sa justification que vingt ans après sa mort l'on fist une information de ses mœurs où douze cents tesmoignages déposèrent advantageusement pour elle qu'en toute sa vie elle n'avoit fait action ny dit parole qui peust estre mal interprétée et que son innocence et sa piété avoyent esgalement paru aux yeux de tout le monde. Quoy, monsieur, deux témoins suffiront selon les loix pour faire condamner un homme à la mort, et douze cents ne suffiront pas pour faire absoudre une fille!.. Non... non... la chose n'eust pas esté juste. Aussi l'archevesque de Reims qui en avoit eu le pouvoir de Rome, assisté de l'évesque de Paris, de celuy de Coustance et de plusieurs autres personnes de probité et de sçavoir la déclara innocente de toutes choses dont on l'avoit accusée, restablit sa mémoire en honneur, fist eslever une croix au lieu de son supplice et depuis mesme le zèle du peuple a placé sa figure sur une fontaine qui coule présentement au mesme endroit où son bucher fut eslevé, comme s'il avoit voulu laisser une marque éternelle des flâmes qui la bruslèrent par un élément qui leur est si opposé.

C'est icy, monsieur, que je ne doubte pas que ceux

qui veulent combattre la guerrière présentement qu'elle est désarmée ne croyent pas en tirer une fâcheuse conséquence pour elle aussy bien que M. Rivet; mais de grâce qui a appris, à ces gents là, à reigler les volontez du souverain? Les supplices parmy les chrestiens n'ont pas moins esté des marques de sainteté que de crime et je m'asseure que, quoy que vous ne priez pas les saints, il n'y en a pourtant point à qui vous voulussiez oster la couronne de martire. Dieu agit diversement selon les hommes mais également selon luy. Il n'est pas plus... lorsqu'il retient l'espée d'Abraham que lorsqu'il en laisse tomber une autre sur la teste de Saint Paul. Enfin, monsieur, le supplice de la sainte ne lui doibt pas estre reproché, car sy Dieu suspend l'ardeur des flâmes tant que les trois enfants sont dans la fournaise, il laisse brusler Saint Laurent. Que s'il faut encore une comparaison du mesme sexe, qu'avoit fait l'innocente fille de Jephté que Dieu ne la sauvast pas comme il avoit fait Isaac; mais, monsieur, je suis criminelle moy-mesme de chercher des raisons en une chose au dessus de la raison: ce n'est pas que l'on ne puisse dire que Dieu ne pouvoit rien de plus advantageux pour la sainte que de luy accorder la couronne du martire; elle ne mouroit pas pour la foy, mais elle mouroit pour soutenir sa mission, et de cette sorte, elle mouroit glorieusement et saintement: quelle autre recompense pouvoit-il choisir parmy ses thrésors: de luy donner des richesses? elle n'en n'avoit pas demandé : de luy offrir de grands employs pour les siens? elle n'avoit désiré que la permission de porter des fleurs de lys, pour commencer les armes de sa maison; de luy faire bastir des palais? elle auroit mieux aimé sa première cabane; de luy présenter mesme une couronne? il est croiable qu'elle l'auroit refusée et qu'elle n'auroit prétandu autre gloire que celle d'affermir celle de Charles sur sa teste. Ainsy, monsieur, je ne croy pas qu'il peust rien arriver de mieux à cette sainte fille que de triompher mesme de la mort en la souffrant comme elle fist. Je ne voy donc pas pourquoy M. Rivet est son ennemy et pourquoy il a dit en ces propres mots parlant d'elle : ceux qui sont les plus grands adorateurs de sa vaillance et qui sont les plus jaloux de sa gloire ne parlent de son honneur et de sa chasteté qu'avec beaucoup d'incertitude. Ce sont ses termes. Car je trouve au contraire que ses plus grands ennemys en la couvrant d'impostures et de crimes ne la soubçonnent pas mesme de celluy-là. Ce n'est pas que quand elle en auroit esté soubçonnée par quelques Anglois il fallust en tirer une mauvaise conjecture contre elle, car sy Judith ne la fust pas, Susanne qui n'estoit pas moins chaste qu'elle ne laissa pas d'estre accusée et quasy d'estre creüe coupable, pour faire voir que ceux mesmes qui par intérest ou par passion n'ont pas esté de ses partisans ne luy ont pas supposé ce crime. Il ne faut que se souvenir que Guillaume du Bellay se trouvant en mauvaise humeur contre elle, bien loin de l'accuser d'une semblable faute, dit qu'il croyoit que c'estoit un homme déguisé, sy bien, monsieur, qu'il paroist assez par ces bizares sentimens et qui semblent sy opposez, que la vérité qui est tousjours une ne sy peut pas rencontrer, et qu'elle se doit plustot rencontrer en la bouche de ceux qui disent tout d'une voix que cette chaste fille estoit l'ornement de son siècle et la gloire de son sexe.

Que sy après de sy puissantes considérations, il m'est permis d'en ajouter une autre, je diray encore que ce fameux nom par lequel elle a esté sy connue et que ses plus grands ennemys ne luy ont pas osté dans leurs histoires faist quasy voir son innocence. Vous sçavez, monsieur, que l'histoire de tous les siècles a toujours esté de donner aux personnes héroïques des noms proportionnez ou à leurs plus nobles victoires ou à leurs plus grandes vertus, ainsy a-t-on donné autrefois le nom d'Affricain au sage Scipion comme celuy de sa plus illustre conqueste, et ainsy, a-t-on appelé ensuite Titus les délices du genre humain à cause de sa bonté. Cela estant vray comme il est, je voudrois bien sçavoir pourquoy le consentement de tous les peuples a nommé Jeanne d'Arc, la Pucelle d'Orléans, et non pas l'héroïne ou la libératrice. C'est, monsieur, sy ma raison ne m'abuse, parcequ'elle estoit encore plus chaste que guerrière, et que cette vertu prenant par dessus toutes les autres en une personne de son sexe, l'emporta sur toutes celles qu'elle possédoit, quoy qu'on peut dire qu'elle les possédoit toutes éminemment. Aussi a-t-elle receu des honneurs plus grands que toutes les vaillances de l'Antiquité prophane n'ont jamais peu prétendre ny espérer, non pas mesme quand Zénobie auroit mené le char qu'elle ne fit que suivre.... car enfin avoir veu que dans deux des premières villes du royaume on luy a eslevé des statues de marbre et de bronze, avoir veu, dis-je, qu'en nostre siècle le plus grand ministre d'Estat qui fust jamais a bien voulu que son portrait fust placé dans sa galerie (1)

(1) Le cardinal de Richelieu, dans sa galerie du Palais-Cardinal. — Voir le curieux volume intitulé : *Les Portraits des hommes illustres françois,* qui sont peints dans la galerie du Palais Cardinal de Richelieu, avec leurs principales actions, armes et devises. Ensemble les abrégez historiques de leurs vies, composez par *M. de Vulson,* sieur de la Colombiere, gentilhomme ordinaire de la chambre du Roy, etc. (A Paris, chez Jacques Cottin, 1668, in-12, portraits). Cet ouvrage est dédié au chancelier Séguier, dont le portrait tient lieu de frontispice. Une importante notice est consacrée à Jeanne d'Arc, entre Dunois et le cardinal d'Amboise, sous ce titre : *La Vie et les actions miraculeuses de Jeanne d'Ark, surnommee la Pucelle d'Orleans, sous le règne du roy Charles VII.* Sous le portrait en robe et en armure, avec un chapeau à large plume, on lit l'inscription : *Puella aurelianea.* Nous ne citerons rien de la notice, qui occupe treize pages du livre (83-96) ; mais nous reproduirons ce curieux tableau, qui la suit, des *Devises héroïques de la Pucelle d'Orleans :*

« Une main tenant un peloton de filet. *Regem eduxit labyrintho,* Elle a tiré le Roy hors du labyrinthe. — Ariadne sauva Thésée au mesme rang des plus excellens hommes qui ayent soutenu la puissance de la monarchie; et veoir encore aujourd'huy que l'illustre M. Chappelain employe la meilleure partie de ses jours à chanter ses combats et ses victoires, sont des avantages sy grands qu'ils sufisent seuls pour justifier toute la vie de nostre guerrière. Mais je pense, monsieur, qu'il ne seroit pas sy aisé de justifier ma hardiesse si je le voulois entreprendre, aussy vous puis-je asseurer que je ne le feray pas. Ce sera bien assez sy je vous la puis faire excuser par la seule considération du mérite de celle que j'ay deffendue. Enfin, monsieur, une fille

roy d'Athènes, par le secours qu'elle luy donna de son conseil et de la pelotte de filet pour sortir du labyrinthe. Nostre brave Pucelle sauva le Roy et son Royaume, le faisant sacrer à Rheims, en chassant les Anglois hors de France.

« Un faucon. *Mares hæc fœmina vincit.* Cette femelle surmonte les masles. — La femelle du faucon est plus forte et plus courageuse que le masle. La Pucelle remit le cœur aux François et ruina les mauvais desseins des Anglois.

« Une abeille dessus sa ruche. *Regnum mucrone tuetur.* Elle deffend le royaume avec son aiguillon. — Les abeilles mettent toujours en faction au-dessus de la ruche une des plus courageuses d'entre elles, afin de deffendre leur monarchie de l'invasion des taons et des volleries des autres bestes. Cette vaillante fille chassa les Anglois de France avec la pointe de son épée.

« Un phœnix sur son brasier. *Invito funere vivet.* Il vivra malgré sa mort. — Le phœnix, pour estre consommé par le feu, n'est pas moins immortel, car il renaist plus beau et plus vigoureux de ses cendres. La vertu de la Pucelle durera éternellement, bien que les Anglois l'ayent bruslée vive pour tascher d'étouffer sa mémoire sous les cendres de l'oubly. »

n'a peu souffrir qu'une sainte fille passast pour criminelle dans l'esprit d'une illustre fille; et c'est pour cela que j'ay osé entreprendre de faire cette apologie, affin que vous inspirant une partie de mon zèle je puisse vous obliger vous mesme à la faire avec plus d'art et avec plus de force que je ne sçaurois mesme l'imaginer. Vous y direz bien tout ce que je n'ay pas bien dit. Vous y trouverez des raisons que la mienne ne m'a pas fournies. Vous luy donnerez des ornemens que je ne trouverois pas chez moy et quand vous luy aurez donné toutes ces belles couleurs dont vostre éloquence est sy brillante, vous désabuserez l'illustre Anne-Marie de Schurman, vous restablirez la gloire de la sainte amazone, vous convertirez M. Rivet et vous comblerez de joye et d'obligation, monsieur, vostre très-humble et très-affectionnée servante,

MADELEINE DE SCUDERY.

A Marseille ce 1er décembre 1646. (1)

(1) Bibliothèque de Leyde (Skieff archives) mss. n° 290 f. 18 et suiv.

II

Valentin Conrart à Mademoiselle du Moulin.

Conrart adresse la dissertation de Mlle de Scudéry à Mlle du Moulin, nièce de Rivet ; et, dans un accès de galanterie lyrique il n'hésite pas à appeler ses trois amies les trois grâces retrouvées. La déclaration est fort piquante. On ne connaissait guère jusqu'ici le grave Conrart sous cet aspect qui le pose en rival de Voiture et le contraste n'en est que plus accentué.

Mademoiselle,

Dans le changement de demeure de M. Rivet et de sa famille (1) vous n'avez pas esté sans occupation. Il a fallu vous laisser achever ce travail, et ne l'augmenter pas par des importunitez aussi inutiles qu'est la lecture de mes lettres ; mais à cette heure que

(1) Rivet venait d'être nommé directeur du collége de Bréda et de quitter Leyde dont il avait pendant près de trente ans illustré l'Université.

vous estes en repos et que vous recueillez le fruit de vos peines, il y a moins de danger de vous donner cette petite persécution. Je m'y résous d'autant plus tost aujourd'huy qu'elle est meslée d'un devoir que je suis obligé de vous rendre, je veux dire de vous asseurer que j'ay retiré de M. de la Peyrère la bulle dont il s'estoit chargé, et que je l'ay envoyée à Sedan à Mme de Réal, suivant votre ordre. Elle en estoit en peine et croyoit qu'elle fust perdue, à cause du longtemps qu'elle a esté à la recevoir, mais la longueur du voyage et les difficultez de la saison en ont esté cause, et non pas le manque de soin de ce gentilhomme, qui en a eu autant que de son équippage. Je vous diray aussi, mademoiselle, que j'ay recouvré une partie de ce qui vous manque de la bible hébraïque, et je chercheray le reste, sans y perdre un moment, afin de vous témoigner en ces petites choses que quand vous me ferez l'honneur de m'employer en de plus grandes, si vous m'en jugez capable, vous me trouverez très-disposé à exécuter vos commandemens.

Au reste, mademoiselle, il faut que je vous avoüe que j'ay esté quelque temps à délibérer, si je ferois une espèce d'infidélité à mon sèxe pour rendre justice au vostre. Vous jugerez bien ce que j'entends par là, quand vous aurez lu le papier qui accompagne cette lettre. C'est la copie d'une, qui m'a esté escrite de Marseille, par une demoiselle qui y est depuis peu et que j'honore extrêmement pour les rares qualités de son âme et de son esprit. Elle a leu la traduction qu'un de nos amis nommé *M. Colletet* homme de belles et de bonnes lettres, a faite depuis quelque mois des lettres latines que M. Rivet et Mlle de Schurman se sont autrefois escrites sur cette question : S'il est à propos que les femmes soyent savantes; et ayant remarqué en un endroit que M. Rivet avoit parlé de la Pucelle d'Orléans, comme d'une personne que ses propres admirateurs ont creu peu honneste, elle a creu qu'une fille des plus vertueuses de ce siècle devoit défendre non seulement la plus chaste, mais mesme la plus héroïque de tous les siècles passés. Ayant donc fait son apologie et m'ayant fait la faveur de me l'adresser avec charge expresse de la faire voir à Mlle de Schurman dont elle parle avec toute l'estime qu'elle mérite et qu'elle désire engager avec elle dans cette défense, j'ay délibéré si je luy devois obéir, et ay esté encore plus en peine si je me devois addresser à vous pour luy donner cette communication. Mais enfin voyant qu'il s'agissoit de garantir de blâme l'honneur de la plus célèbre héroïne que la France ait jamais eüe, et de donner à une amie d'un mérite extraordinaire une satisfaction qu'il me semble qu'elle désire assez légitimement, j'ay creu que je ne pouvois mieux faire que de vous rendre médiatrice de ce différent. Je scay que l'alliance et l'amitié vous peuvent rendre partiale de l'accusé, qui est un des hommes du monde pour qui vous avez avec sujet, une affection et une estime non communes; mais prendrez vous son party contre vostre propre sexe? Aymerez-vous mieux dire qu'une fille que la plupart du monde tient pour une sainte, et que ses plus grands ennemis n'ont accusée que de crimes manifestement supposez, estoit une débauchée et une perdüe, que d'avouer que M. Rivet n'a pas eu raison de la vouloir faire passer pour fille. Voyez auquel de ces sentimens vous trouverez à propos de vous ranger, ou plustost suspendez vostre jugement jusqu'à ce que vous ayez consulté votre illustre sœur d'alliance. Je ne sçache personne plus capable de vous conseiller ce que vous devez faire; car si d'un costé, il est question de justifier la mémoire d'une personne de son sexe, de l'autre, il faudra qu'elle condamne son père d'alliance, si bien qu'elle aura besoin de tout son esprit, de tout son sçavoir et de toute son adresse, pour trouver un biais capable de concilier tellement ces deux choses que l'accusée demeure sans blâme, sans que l'accusateur en demeure chargé. Et ce sera sans doute ce party là que vous serez bien aise de suivre. Prenez donc, s'il vous plaist, la peine d'envoyer cette apologie à Mlle de Schurman et de luy mander que c'est par regrect que je ne la luy ay pas envoyée moy-mesme, et par la crainte que j'ay que mes lettres ne luy soyent pas agréables. J'estime les siennes autant qu'il est possible de les estimer, mais je n'en désireray jamais que quand elles me viendront par pure inclination, ou par l'honneur qu'elle me fera de me commander quelque chose pour son service. Je ne doubte point que quand elle aura veu avec quelle estime et quelle civilité Mlle de Scudery la traitte dans tout le cours de cette longue lettre, elle n'ait celle de luy témoigner qu'elle luy en sait gré, et en vérité je ne sache point de fille en France, qui mérite mieux peut estre tant qu'elle, l'amitié et la cognoissance de Mlle de Schurman. Elle reconnoistra aisément les belles lumières de son esprit et les grâces de son éloquence qui est certes des plus sublimes, et je m'assure qu'elle jugera par ce qu'il paroist de ce que sa modestie cache avec trop de soin, et que ce n'est pas du visage seulement qu'elle a l'avantage de luy ressembler. Si vous jugez que mon témoignage puisse servir à la liaison que je souhaite qui soit désormais entre elles et avec vous, je vous supplie, mademoiselle, de le recevoir pour très-véritable et de le garentir comme tel à une incomparable sœur. Si Mlle de Scudery peut avoir le bonheur d'entrer dans la société de ce nom je pourray me vanter *d'avoir assemblé les trois grâces qui estoient séparées*, et d'estre cause qu'elles se tiendront véritablement par la main, et ce qui est bien plus, que leurs cœurs seront unis par le divin lien d'une vertueuse amitié. Quant à M. Rivet je le croy trop galant homme pour se fascher de ce qu'une fille a entrepris la défense d'une autre fille, et il n'a garde de traiter en adversaire une personne de ce sexe dont les monarques mesme révèrent la colère et les injures. Joint que le sujet que Mlle de Scudery a pris et la manière dont elle l'a traité, sont plutost de galanterie d'esprit que de controverse et de chicane. Tout cela m'a donc fait résoudre à m'adresser à vous, qui en userez avec la considération qui sera nécessaire et qui n'expliquerez que favorablement ses intentions et les pensées d'une très-illustre personne, et de l'homme du monde qui est le plus véritablement,

Mademoiselle,

Votre très-humble et très-obéissant serviteur,

CONRART.

Ce 28 décembre 1646. (1)

(1) Loc. cit. f° 16, etc.

III.

Mademoiselle Marie du Moulyn à monsieur Conrart.

Monsieur,

J'ay hésité quelque temps sy je vous devois respondre sur le champ ou attendre que j'eusse consulté l'oracle d'Utrecht (1), mais enfin cognoissant que la diversité de ses occupations la rend tardive à respondre aux semonces de ses amis, j'ai creu que par advance, je pouvois bien vous rendre grâces de vos lettres, et vous dire mes petits sentiments sur celle que vous avez pris la peine de me confier, qui seront aussy plus miens que sy j'attendois la sentence de ma docte sœur, qui me possède tellement que sy

(1) Mlle de Schurmann habitait alors Utrecht.

elle parle la premiere, je n'ay qu'une approbation à adjouster à son dire ; et sy par hasart quelques unes de mes pensées se rapportent aux siennes, je les croyray plus raisonnables et en tireray plus de gloire. Je ne doute point de ce rapport au jugement qu'elle fera de Mlle de Seudery, mais estant plus capable d'en juger et ayant une plume élégante, elle pourra sans lui faire tort luy donner les louanges qu'elle mérite. Pour moi je n'oserois la louer de crainte de diminuer sa gloire; bien vous diray-je que la douceur et la force de son discours m'a diversement agitée; d'abord j'ay esté enflée de gloire que nostre France avoit ainsi produit un miracle en notre sexe et soudain m'imaginant que cette éloquence se pouvoit acquérir par l'estude je me suis fait mille reproches d'avoir passé ma jeunesse à me picoter les doigts d'une esguille, tantost à faire le pied de grue à la court et parfois à faire une fricassée.... ce que je ne dois pourtant regretter, car sans doute je n'aurois pas réussy en choses plus importantes, puisqu'en ces petites je m'en acquitte encore assez mal. Quoyqu'il en soit, il n'est plus temps de délibérer là dessus et je m'égare du dessaint que j'ai fait de vous dire mon advis sur l'appologie que nostre élégante fait en faveur de la Pucelle qu'elle canonise en passant. Le pape le souffrira-t-il ? elle la défend avec tant de courage et d'adresse que je croys que sy elle eust vescu de son temps qu'elle n'eust jamais esté prise par les Anglois, mais elle me pardonnera, s'il luy plaist, sy je dis qu'il me semble qu'elle n'a pas compris l'intention de celuy qu'elle combat qui n'a jamais eu pour but en ce qu'il a escrit de rabattre rien de la gloire de cette héroïne, mais de soutenir en général que les lettres sont un exercice plus sortable à notre sexe que les armes, plus convenable à la modestie qui doit estre en une fille, moins sujet à estre sinistrement interprêté; et pour preuve de son dire il s'est servi de cet exemple fort propre pour montrer que malaisément une fille pourroit manier les armes sans être soupçonnée d'impudicité, puisque celle dont est question qui s'est rendue sy célèbre par ses faicts héroïques n'a peu éviter ce blâme, et que mesme ses admirateurs ont révoqué en doute sa chasteté comme vous l'aurez vu en du Haillan (1) en son livre de l'estat des affaires de France, ès annotations de Juste Lipse sur ses politiques, où il met toute cette affaire au rang des fourberies. Et qui considérera la chose en soy, n'advouera-t-il pas qu'une fille met sa réputation en grand hazard, qui quitte sa robbe pour endosser le harnois, qui fait d'un corps de garde son cabinet, qui ne craint point

(1) Bernard de Girard du Haillan (1535-1610) fut nommé historiographe de France par Charles IX. Il a composé une *Histoire générale des rois de France depuis Pharamond jusqu'à Charles VII*, Paris, 1576, 1584, in-fol.

les conférences particulières avec les hômes et qui semble en toutes ses actions avoir despouillé la honte et la crainte ; je veux que la nécessité l'y oblige, que son courage l'y porte, qu'elle ait mesme des inspirations secrètes là dessus, et qu'elle exploite heureusement ce qu'elle aura judicieusement entrepris ; elle pourra sans doute acquérir par là le nom de vaillante, de généreuse, de victorieuse, mais pour ce beau nom de chaste et de modeste, je doute si elle le pourra acquérir, quand bien elle la seroit en effet ; elle a quitté les moyens d'en acquérir la réputation ; malaisément trouvera-t-elle un hôme assez crédule et charitable pour la décorer de ce titre de chaste. Or comme ainsy soit que cette vertu est en une fille ce que le courage est en un hôme et que c'est par là qu'elle sera nommée honneste fille, vous estonnez-vous, monsieur, si nostre docteur ne veut pas qu'elle choisisse des moyens si mal propres à la faire arriver à la fin où elle doit principalement tendre ? Ceste maxime ne touche point l'honneur de la Pucelle laquelle il admire autant qu'elle est admirable. Il est trop bon françois pour avoir de la haine contre une personne qui en a esté en quelque sorte la libératrice. Il ne peut désapprouver son dire cependant ; il a pris tant de plaisir à se sentir battre de sy bonne grâce qu'il ne voudroit pas que ceste expression ne luy fust eschapée, puisqu'elle a servi à faire espandre à ceste vertueuse damoiselle un sy agréable torrent de louanges. Il remarque en son discours qu'elle a rassemblé trois vertus qui se trouvent rarement en un mesme sujet, la vaillance, la science et la modestie; car elle paroit toute esprise d'une fureur guerrière quand elle desfend l'honneur de son amazone et fait paroitre en la suite et la force de ses raisonnements une grande érudition ; et la modestie qui est le sel de ses autres vertus, assaisonne le tout, en sorte qu'il semble qu'elle ait un peu de honte de vous descouvrir toutes les beautés de son esprit, en quoy elle ressemble plus que de visage à la célèbre fille qu'elle révère qui a tousiours caché ses merveilles dans son cabinet et qui seroit encore incognüe si ses plus familiers amis n'eussent donné naissance à sa réputation. Sans doute la ressemblance de visage est un signe de conformité en mœurs, puisque par la physionomie nous jugeons de la pluspart des vices et des vertus de l'esprit ; je luy envoyeray son pourtraict afin qu'elle le compare avec son miroir et sy je ne luy envoye de ses lettres, il faudra l'attribuer à la honte qu'elle auroit d'escrire en françois à une personne dont elle ne pourroit imiter la naïveté du langage, estant la langue où elle s'est la moins stilée, outre qu'il est difficile qu'elle puisse rendre tout ce qu'elle doit, estant seule à respondre à tant de personnes qui la recherchent et ayant sy grand nombre d'occupations et peü de santé. Sans doubte vous l'excuserez aisément puisque vous pardonnez à ma paresse pour quelques petits embarras que m'a apportés nostre desménagement; il est vray que j'ay mieux cogneu que jamais qu'il faut peu de chose pour me bien embesogner. Il y a deux mois que nous avons quitté La Haye et ne sommes pas encore au repos que vous pensez. Nostre logement avoit divers défauts qu'il a fallu réparer ; les charpentiers et les massons ont esté ma plus ordinaire compagnie ; j'ay à la vérité manié force livres, mais je n'en ai leu que les titres et ne sçay quand je prendray le loisir d'en lire quelqu'un. Vous m'en donnez l'envie pour rendre vrayes quelques unes de vos cajoleries, lesquelles je prens plustost pour des exhortations me disant que je fais ce que vous jugez que je devois faire ; je tacheray d'en profiter et de n'estre point ingrate de tant de bienfaicts dont vous me comblez (1).

(1) Loc. cit. f° 27, etc.

IV

Conrart à Mademoiselle Marie du Moulin.

Ce 15 février 1647.

Mademoiselle,

Vous ne devez point consulter d'autre oracle que vous mesme quand vous voulés dire vostre avis de quelque chose; cela paroist en la dernière lettre que vous m'avez faict l'honneur de m'écrire, où je ne sçaurois dire sy les raisonnemens ont plus de force que les expressions n'ont de grâce et de naïveté, puisque j'y voie une telle égalité que les uns ne peuvent prétendre davantage sur les autres. Vous ne pourrez pas dire que cecy soit une cajolerie sy vous ne voulez donner le mesme nom au jugement de vostre incomparable sœur que vous nommez un oracle et à celuy de l'autre éloquente fille que vous avez jugé qui lui ressemble encore plus de vertu que de visage; je ne doute point qu'ils ne soient tous deux conformes au mien et c'est peut-être la seule chose qui me puisse être commune avec elles; j'envoyeray à la dernière un extrait de vostre lettre afin qu'elle sache l'obligation qu'elle vous a de vostre estime et les raisons par lesquelles vous justifiez ce qu'a écrit M. Rivet. Ce n'est pas que je croye qu'il faille faire davantage d'écritures sur ce petit procès, car pas une des parties ne doit à mon avis poursuivre le jugement, puisqu'au fond elles sont d'accort pour m'assurer (et M. vostre oncle me l'a confirmé luy-mesme) que son intention n'a jamais esté de toucher l'honneur de la Pucelle, qu'il l'admire et qu'il est trop bon françois pour avoir de la haine contre la libératrice de la France; qu'il a seulement voulu dire que la profession militaire est peu convenable à la modestie des filles et que pour le prouver il a rapporté l'exemple de cette guerrière qui toute sainte que l'on l'estime, n'a pu se garantir du blâme de n'avoir pas eu assez de soin de son honnesteté. A vous dire le vray, mademoiselle, je croy que si M. Rivet n'eust usé que de ces termes là, Mlle de Scudéry n'auroit point songé à faire son apologie; mais cette façon de parler, sy ferme et sy vive, que les adorateurs de la Pucelle et ceux qui sont les plus jaloux de sa gloire ne parlent de sa chasteté qu'avec incertitude, sembloyt marquer deux choses fort désavantageuses à cette amazone, l'une que cette opinion estoit si généralement répandüe partout et tenüe pour sy véritable que ses propres partisans n'avoyent osé la contredire ; l'autre qu'en l'appuyant de cette sorte il y avoit quelque apparence de croire qu'il la vouloit suivre. Mais pour la première vous verrez dans la réponse que je fays à M. vostre cher oncle que Lipse ni du Haillan ne peuvent passer que pour ennemis de la Pucelle bien loin d'avoir esté ses adorateurs et jaloux de sa gloire; et pour la seconde vous m'avez tous deux si bien expliqué son intention qu'il n'en doit rester aucun scrupule dans l'esprit de celle qui luy a demandé justice pour un des ornements de son sexe. Nous devons toutes fois estre bien aises comme vous dites que l'expression qui a fait naître cette petite contestation soit eschappée à ce grand homme puisqu'elle a donné sujet d'écrire de sy belles choses. Je le dis en plus forts termes que vous qui ne l'entendez que de l'éloquente lettre que je vous ay envoyée et je puis y joindre la vostre qui n'est pas moins digne de ce nom-là et où j'ay trouvé en peu de paroles beaucoup de sens, d'élégance et de gentillesses d'esprit; j'avois résolu de ne vous louër jamais de pas une de ces choses par ce qu'elles vous sont sy ordinaires que tous ceux à qui vous prenez la peine d'écrire ne devroyent vous répondre que par des éloges et je sçay que vous vous contentez de les mériter sans vouloir qu'on vous les donne. Mais vostre exemple m'a fait passer les bornes que je m'estois prescrites pour vous plaire et voyant dans vostre lettre des pages entières de louanges, ce mot m'est échappé de la plume ; vous le souffrirés donc s'il vous plaist sans m'en faire des reproches de peur d'avoir vous-mesme part au blasme que vous m'en pourriez donner ; cependant je croy vous pouvoir dire par avance que vos louanges ne seront pas reçuës sans reconnoissance, car avant mesme que celle pour qui vous me les avez écrites sceust que vous lui feriez ces honneurs, elle m'a temoigné une estime particulière pour vostre personne et pour vostre mérite sur ce que je luy en avois mandé ; que sy à ces faveurs vous ajoutées celle de luy envoyer le portrait de l'Héroïne du Nord ce sera l'obliger à en avoir un nouveau ressentiment ; je vous avouë, Mademoiselle, que j'ay grande envie de sçavoir quel jugement cette savante Fille aura fait de la pièce que vous luy avez envoyée, où l'on peut dire qu'elle aura veu tout ensemble le panégyrique de Minerve et celuy de Pallas, je veux dire le sien et celuy de la Pucelle. Je la croy trop généreuse et trop civile pour ne faire pas paroistre quelque satisfaction de ce que du rivage de la mer Méditerranée une Syreyne a fait ouïr son agréable vois jusques aux bords de l'océan pour chanter un hymne à sa vertu, joint que la France est maintenant assez polie et assez féconde en bons esprits et en personnes qui ayment les lettres pour ne dédaigner pas d'y avoir quelque commerce qui sans luy apporter d'incommodité puisse rendre sa gloire plus éclatante; c'est en cela ce me semble que vous devez servir contre son désir et vaincre sa modestie qui par son excès fait tort à sa réputation. En attendant la sienne vous augmenterez aussy la vostre dont je trouve que vous n'avez pas assez de soin; croyez-moy, Mademoiselle, vous valez plus que vous ne pensés; je n'ay point dit ce que vous devriez estre, mais ce que vous estes en effet et sy j'avois pu animer mes paroles pour representer au naturel toutes les beautez de vostre Esprit, elles vous auroyent bien faire voir une autre peinture que celle où vous dites que je vous ay deguisée; ce ne peut donc estre qu'en vous figurant beaucoup moins parfaite que vous n'estes; mais sy quelqu'un s'en estonnoit je luy pourrois répondre avec un célèbre poëte : la faute en est au Ciel qui l'a faite sy belle. J'ay peur que vous ne me trouviez un peu trop galant et que vous ne m'accusiez encore de cajollerie, c'est toutefois un métier où je n'entens rien et quand je le sçaurois je n'aurois garde de m'en servir pour vous à qui le langage naïf de la vérité convient mieux et plaist davantage que tous les faux ornemens de la flatterie.

V

Conrart à Rivet.

22 février 1647.

...... Il n'y aura pas tant de peine à vous accorder avec Mlle de Scudery (qui est sœur de celuy qui a fait l'apologie pour le théâtre) (1) car la déclaration que vous me faites que votre créance n'est point que la Pucelle ait esté impudique luy donnera sans doute une grande satisfaction. Ce qui luy a donné sujet d'entreprendre sa défense est ce que vous avez dit « que les plus grands adorateurs de sa vaillance et ceux qui sont les plus jaloux de sa gloire ne parlent de son honneur et de sa chasteté

(1) Georges de Scudery (1601-1667) de l'Académie française, l'auteur du poëme d'*Alaric* et le persécuteur du *Cid* a en effet composé une *Apologie du théâtre*. Paris, 1639, in-4°.

qu'avec beaucoup d'incertitude. » Car elle prétend que ses plus graves ennemis ne l'en ont mal accusée qu'avec calomnie ; que l'accusation a deu mesme estre fort légère puisqu'il n'en est point parlé dans son procès ; que dans les écritures du promoteur qui qui sont toutes remplies d'injures et d'animosités trop visiblement partiales il n'en est pas dit un mot, et qu'assurément il ne l'eut pas omis, après avoir esté si soigneuz de recueillir tant de fadaises et de contes ridicules qui sont apparamment supposés.

D'ailleurs elle n'oublira pas de dire que Lipse et du Haillan (qui n'estoient point ses adorateurs, mais ses ennemis déclarés, puisqu'ils tiennent tous deux son histoire pour une fable et que ce n'est qu'en cette qualité que le dernier l'a rapportée, seulement, dit-il, afin qu'on sache de quelle sorte on l'avoit creue auparavant) sont des auteurs modernes qui n'ont point eu de mémoires certains pour contredire ce qui avoit esté écrit et tenu pour constant jusques alors tant par les François que par les étrangers, à la réserve des Anglois qui estoient parties adverses de la guerriere ; et que ce n'est que par caprice qu'ils ont voulu estre d'avis contraire aux autres : et que par un défaut de suivre le grand chemin ils ont mieux aimé s'égarer par des sentiers obliques. Que feu M. Pasquier qui estoit homme de grande lecture et fort versé aux Antiquités de la France dont il a fait de si curieuses recherches, rapportant cette histoire bien plus amplement et avec beaucoup plus d'ordre et de lumière que ceux qui l'avoient précédé, dit fort judicieusement que ceux qui ont fait passer cette vaillante fille pour une débauchée l'ont dit de leur propre mouvement et sans en donner aucune preuve. Ensuite il en allègue une infinité pour les convaincre de calomnie et pour justifier sa pudicité. Quant à moy, M., je ne la vouldrois pas faire passer absolument pour une sainte, ni jurer que sa vocation a esté miraculeuse, mais je trouve bien sa valeur et sa conduite et ses actions admirables; comme bon Francois je vénère sa mémoire parcequ'elle a retiré la France d'un dangereux précipice : et si j'avois quelque chose à ajouter à l'Apologie que notre éloquente demoiselle a faite pour elle, je dirois dans les termes de ma religion que bien que Lipse fût un savant homme, il a toujours eu beaucoup de faiblesse et de préocupation d'esprit. Pendant qu'il a esté parmy nous, tout ce qu'il voioit d'extraordinaire parmy ceux de religion contraire ne lui passoit que pour des fables. Depuis qu'il nous eut quitté il n'y avoit rien que de miraculeux. Les plus grossières dévotions de paysans idiots luy estoient de grans mystères : il vénéroit comme elles, une petite image qui avoit esté notoirement fabriquée pour gagner de l'argent et la faisoit passer, pour les ignorans et les fourbes, pour un présent du Ciel. Enfin vous savez mieux que moi quels discours il faisoit à la

Vierge sur la fin de ses jours, et le legs qu'il luy fit d'une vieille robe fourrée qui avoit peut estre servy 20 et 30 ans. Mais après tout c'est assez que vous n'ayez eu dessein que de rapporter en passant le sentiment des autres; et quoy que les termes dont vous vous estes servy, soyent un peu forts et semblent d'abord trop favorables aux ennemis de la Pucelle : néanmoins puisque vous croyez aussi bien que celle qui l'a défendue qu'elle étoit vertueuse et que la France luy est obligée, il n'y a plus de différent entre nous. Car ce que vous me dites de la visite que fit faire d'elle la belle-mère de Charles VII est une preuve convainquante de la chasteté de cette généreuse fille et qui doit fermer la bouche à tous ceux qui ont soutenu ou seulement soupçonné le contraire puis qu'elle fut trouvée entière, et si elle prédispose une accusation il falloit qu'elle ne fut que légère et seulement dans la bouche de quelques médiseurs dont la cour ne manqua jamais et dont la vertu la plus pure ne se peut sauver, veu que dans toutes les pièces du procès que Pasquier rapporte, et dont les originaux sont encore aujourd'huy soygneusement conservés, il n'en est point fait mention. Et pour ce que vous remarquez que la profession de foi militaire ne se peut guère bien accorder avec l'honnesté et la modestie, qui sont les principales vertus des femmes, Mlle de Scudéry est d'accord avec vous de cette maxime en général, et elle l'appuye mesme avec des raisons et des paroles fort sages : encore qu'elle montre que quelquefois, par dispensation, ce n'est pas un crime à quelques unes de s'estre armées pour la gloire de Dieu, et pour celle de leur Patrie. C'est en ce sens qu'elle employe les exemples de Déborah, de Jaël et Judith pour fortifier celuy de la vaillante bergère : et delà son opinion qui est celle de tous les bons historiens et de tout le peuple ; il me semble qu'elle les a choisis assés à propos, car puisque cette opinion générale est que la Pucelle a esté suscitée et inspirée de Dieu et qu'il a bény son entreprise en délivrant la France par son bras, n'a-t-elle pas raison de dire que le Ciel l'a dispensée, comme ces autres Sainctes Amazones, de la défense qu'il avoit faite aux femmes dans la loy de prendre les habits et de faire le métier des hommes. A mon égard je say bien la différence qu'il y a entre le témoignage de l'Ecriture Sainte et la créance des hommes, en quelque nombre qu'ils soient : c'est pourquoy je n'appuie point sur cette comparaison, me contentant de vous marquer que ceux qui donnent même authorité à la Tradition qu'à la parole de Dieu peuvent raisonner comme je viens de dire. Quoy qu'il en soit, c'est un grand avantage pour cette excellente fille qui est véritablement un des ornements de nostre siècle et une des merveilles de son sexe, que son esprit, son savoir et son style ayent nostre approbation. Je ne doute point qu'elle n'en soit très glorieuse et qu'elle ne reçoive quelques marques de l'estime de vostre incomparable fille, quand elle saura que vous l'avez honorée de la vostre et Mlle vostre chérie nièce de la sienne, que je prise extrêmement. Elle m'a écrit une lettre sur ce sujet qui a esté trouvée parfaitement belle et qui fait bien voir le profit qu'elle a fait en vostre école, et en celle de M. son père. Je souhaite qu'elle jouisse longtemps de ce bonheur et vous de celuy de la possèder. Pour moy ce m'en sera un particulier, si vous et elle me faites la faveur de me croire, etc.

Ce 27 février 1647.

VI

Conrart à Rivet.

5 avril 1647 (fragment.)

...... J'envoyeray à Mlle vostre nièce ce que j'ay recouvré de la bible Hébraique et attendray sa réponse à sa commodité, sur le différent de la Pucelle. J'ay grand envie de savoir le sentiment de Mlle de Schurman sur la lettre de Mlle de Scudéry, et ce que cette savante fille répondra aux éloges que l'autre luy a donnés si éloquemment. En vérité elle mérite son estime et vous luy faites non seulement grâce mais justice quand vous luy donnez part en la vostre. Vous auriez sans doute plaisir à connoistre son esprit et sa vertu de plus près; si elle avoit eu le bonheur de jouir quelque temps de votre conversation, vous avoueriez, je m'assure, qu'elle est un des plus précieux ornemens que son sexe ait aujourd'huy.

Elle doit avoir reçu à présent la copie de vostre lettre et celle de Mlle du Moulin que je luy ay envoyées : or comme je ne doute point qu'elle ne me témoigne par sa réponse que j'attens, beaucoup de reconnoissance pour les louanges que vous luy avez données et beaucoup d'admiration pour la manière obligeante dont vous avez tous deux combattu ses raisons, je ne suis pas assuré si avec la même civilité il ne luy prendra point envie de se justifier et de la soutenir. Quand cela seroit, je ne m'en mettrois pas en peine, et je ne craindray jamais l'événement d'un combat de cette nature entre des personnes qui vous ressemblent tous trois. Peut estre mesme que s'il doit durer plus longtemps, vous vous tirerez de la meslée afin d'estre juge du camp où il ne demeurera que des personnes du même sexe. Leur vigueur, leur courage et leur courtoisie ayant beaucoup de ressemblance, il y aura plaisir à voir les beaux coups qui s'y feront et à frapper les mains en les admirant. C'est tout ce que je puis et tout ce que je veuz faire en cette rencontre n'ayant aucun dessein de prendre part, puisque aussi bien il n'y a guère d'apparence que deux athlètes dont la force et l'adresse sont si égales puissent jamais se promettre de remporter l'un sur l'autre une entière victoire.

VII

Extrait d'une lettre de Mademoiselle de Scudéry à Conrart.

....Au reste, du temps des Romains, vous eussiez esté plus propre à conduire la république en qualité de consul ou de Dictateur, qu'à observer le vol des oiseaux en qualité d'augure, puisque tous les présages favorables que vous m'aviez donnez d'une entière victoire, n'empeschent pas que je voye encore mes ennemis les armes à la main. Il est vray qu'ils combattent avec tant de civilité, que j'ay beaucoup plus de sujet de me louer de leur courtoisie que de me pleindre de leur injustice. Assurez les donc, Monsieur, que j'ay receu leurs louanges avec tant de joye que pour n'entreprendre point de présomption, j'ay esté contrainte de me souvenir que c'est un artifice assés ordinaire aux personnes les plus généreuses, de louer quelques fois leurs adversaires afin de diminuer la honte de leur défaite si elle arrive, et de redoubler leur gloire s'ils remportent l'avantage.

Quoy qu'il en soit, Monsieur, je vous supplie de ne vous laisser pas éblouir par ces armes éclatantes dont ils se défendent, et de vous souvenir qu'aux combats de barrière aux carrousels et aux tournois, l'on a veu assez souvent des chevaliers avec des armes noires et toutes simples ne laisser pas de remporter le prix sur ceux que l'on voioit tout couverts de plumes, tout brillans d'or et avec des écharpes très magnifiques. Mais avant que de tâcher à soutenir mon droit, [souffrés (1) que je m'arreste au milieu de la carrière, et que j'admire en mesme temps le savoir de M. Rivet et l'esprit de Mlle sa nièce. Sans mentir, je ne vis jamais rien de plus galamment pensé, ni de plus noblement exprimé, que ce que cette excellente personne vous a écrit : et il y a un caractère sy aisé, sy aymable et sy spirituel en cette lettre, que je ne m'estonne pas si Mlle de Schurman a fait sa sœur d'alliance de l'excellente fille qui l'a écrite. Vous me ferez sans doute bien la grâce de l'assurer, que, hors l'intérest de la Pucelle, je feray tousjours gloire de suivre ses sentimens sans consulter les miens, et de soumettre ma raison à la sienne, qui est infiniment plus éclairée : mais comme il n'y a que les personnes peu généreuses qui cèdent quand on leur résiste, elle me pardonnera si je tâche de repousser la force par la force, et

(1) Le passage entre [ ] a été publié par M. Rathery d'après le Bulletin de la société de l'histoire du protestantisme français.

sy après luy avoir rendu louange pour louange, et civilité pour civilité, je fais ce que je puis pour respondre à ses objections, car puis qu'elle a pris le party de M. son oncle, contre son propre sexe, ce sera aussy à elle seule que je demanderay raison de ce que luy et elle vous ont écrit. Elle dit que M. Rivet n'a point eu d'intention de rabattre rien de la gloire de cette Héroïne : mais de faire veoir seulement par cet exemple combien il est difficile à une fille de conserver sa réputation toute pure en allant à la guerre.] Elle me pardonnera, s'il luy plaist, si je luy dis que sy les sentimens de M. Rivet n'eussent pas esté semblables à ceux de ces gens qui peuvent avoir mal pensé de la Pucelle, il se seroit expliqué d'une autre sorte. Et comme il est fort habile et fort adroit, il auroit puissamment exagéré l'innocence et la pureté de cette guerrière, afin qu'en rapportant ensuite ces soupçons sans fondement qu'un très petit nombre de personnes intéressées ont eus de sa vertu, cela fist d'autant plus fortement voir combien il est dangereux d'exposer sa réputation à un si grand péril puisque l'innocence et la modestie ne suffisent pas pour s'en garentir. Mais au lieu de cela il ne particularise aucune bonne qualité de cette héroïne, et parle de sa pureté et de son supplice d'une manière qui ne luy peut estre avantageuse, puisque ne luy laissant que la valeur en partage et luy ostant la pudicité, il la déshonore entièrement. C'est en cet endroit, M., qu'il faut que je vous asseure que je serois bien marrie que Mlle du Moulyn se fust donnée la peine de lire ma lettre avec plus d'attention qu'elle n'a fait; car si cela eust esté, nous eussions esté privez d'un des plus beaux endroits de la sienne: estant croyable que si elle s'estoit apperceue que je n'approuve non plus qu'elle que les femmes soyent guerrières, elle ne se seroit pas arrestée sy longtemps sur une chose que je ne dispute point en général et qui ne détruit pas ce que je soutiens en particulier.

Je n'ignore pas, non plus que cette excellente personne, que la chasteté est la véritable vertu des femmes, comme la valeur est celle des hommes. Mais tout ainsy qu'il a bien autresfois esté permis au sage Scipion de joindre la continence a son courage, je pense qu'il ne doit pas estre défendu à ces femmes extraordinaires dont j'entens parler, de joindre la valeur à la pudicité, et que c'est seulement en de pareilles rencontres que les usurpations ne sont pas criminelles, et que tant qu'il ne s'agîst que du choix des vertus, l'on n'est pas exposé à de grands dangers. Après tout, je ne voy pas que toutes les vaillantes ayent eu le malheur d'estre soupçonnées d'impureté. Zénobie qui fut sy prudente, et sy courageuse, qui soutint avec tant d'honneur tous les travaux d'une longue guerre et avec tant de résolution la honte du triomphe et le malheur de la captivité, passe encore plus pour chaste que pour vaillante, puisque tous ceux qui ont écrit son histoire, semblent avoir eu un soin tout particulier de louer sa pudeur et sa modestie aussy bien que son courage et sa beauté. Artémise de qui les larmes et la mort justifient assez la pureté de sa vie, ne fut jamais accusée quoy qu'elle eust esté à la guerre ; et l'illustre Agrippine qui n'abandonna point son cher Germanicus en son Voiage d'Allemagne, ni en son voiage d'Asie, n'a pas esté dèshonorée pour avoir passé le plus bel âge de sa vie sous les pavillons et parmi les légions Romaines. L'histoire marque mesme comme vous le savez qu'en une certaine occasion qui se présenta, elle se tint au bout d'un pont pour encourager les soldats et pour donner des ordres militaires, en l'absence de son mary, sans que pour cela sa vertu en fust en moindre vénération dans Rome, lorsqu'elle y retourna pour y conduire les cendres de son cher Epoux. Mais au contraire, j'ay remarqué que toutes les personnes de son sexe de qui la vie a eu le plus de dérèglement dans l'Antiquité et de qui la beauté a rendu les crimes fameux n'ont point esté guerrières, comme Hélène, Flore, Cléopatre, Faustine, et tant d'autres ; et que sy Homère attribue des sentimens peu vertueux à cette belle et infidèle femme de Ménélas, il y en a d'autres qui en donnent de plus raisonnables à Pentasilée. La fable grecque et romaine (à ce que j'ay ouy dire) voulant nous représenter la Pudicité, a creu mesme ne le pouvoir mieux faire qu'en la dépeignant armée en la personne de Pallas, tant il est vray qu'il n'y a point de règle si générale, où il ne se trouve de l'exception et tant il est à propos d'en faire presque à toutes choses.

Au reste, Monsieur je pense pouvoir dire que la guerre n'est pas la seule occasion dangereuse où les femmes se puissent trouver, et pour l'ordinaire, je tiens qu'une sérénade de vingt quatre violons est bien plus à craindre que cent mille coups de canon. Ce n'est pas que je sois persuadée que l'on échape souvent de cette espèce de danger, que si peu de personnes appréhendent parce qu'il n'a rien d'épouvantable, mais ce qui m'a obligée de parler ainsy, est que je prétens seulement vous faire souvenir que l'Amour qui n'est qu'un enfant, ne se plaist guères dans le désordre d'une armée, et que, si je ne me trompe, il a bien plus remporté de victoires dans les jardins du Palais d'Orléans et dans ceux des Tuilleries, que dans toutes les batailles qui se sont données depuis le commencement du monde· Que Mlle du Moulyn ne regarde donc plus la guerre, comme une chose absolument incompatible avec la sainteté de l'Amazone que je défens, puisqu'il ne me semble pas juste qu'elle soit moins équitable pour la Pucelle, qui ne luy a fait aucun mal, que les Romains le furent pour Zénobie qui les avoit si souvent battus. Qu'elle se souvienne, s'il luy plaist, en cette rencontre qu'il ne faloit quelques fois que la déposition d'un seul homme pour mettre les premiers Césars au rang des Dieux et pour leur faire décerner tous les honneurs divins, au lieu qu'il faloit que le sénat tout entier fust assemblé, lorsqu'il s'agissoit du bien ou de la réputation d'un simple citoyen, afin que par un si bel exemple, elle ne s'oppose plus à la déification de mon amazone. Mais après tout, Monsieur, comme dans les accomodements l'on trouve souvent, pour satisfaire la personne offencée, que c'est assez qu'un homme die qu'il n'a point eu l'intention de fâcher celuy de qui pourtant il aura dit des choses fâcheuses, contentons nous que M. Rivet et Mlle du Moulyn nous ayent fait une pareille déclaration et ne soyons pas assez inconsidérés pour presser davantage de sy dangereux adversaires. Il y a tant de gloire pour moy de leur avoir seulement résisté que je ne fais plus de .... pour la victoire.

Souffrés, néantmoins, s'il vous plaist, Monsieur, que je ne reçoive point une louange que Mlle du Moulyn asseure que M. son oncle me donne. La valeur est en si mauvaise réputation auprès d'elle, que quand je possèderois cette qualité que je n'ay point et que je ne veux pas mesme avoir, je la refuserois sans doute ; et de l'heure que je parle j'ay une telle frayeur que cette excellente personne ne croye que j'ay esté à tous les sièges qui se sont faits et à toutes les batailles qui se sont données depuis dix ans, que je luy envoyerois des attestations des lieux où l'on m'a veu apprendre à faire de la tapisserie, du point coupé, de la broderie et plusieurs autres onvrages ; et je n'oserois pas mesme dire que j'ay appris à crayonner, si je ne l'avois dèsjà dit dans ma première lettre, de peur qu'elle ne s'imaginast que je ne l'aurois appris que pour tracer des fortifications et pour faire des plans des villes. Aydez moy donc, je vous en conjure, à me faire connoistre pour ce que je suis ; apprenez lui que je n'ay jamais veu de combats qu'en peinture, que toute ma vie s'est passée avec beaucoup de tranquillité, que je suis absolument désintéressée en la cause que je soutiens, et qu'enfin je suis généreuse sans estre vaillante. Je n'ay sans doute pas esté assez favorisée du Ciel pour posséder toutes les qualitez nécessaires pour estre entièrement raisonnable, mais si je ne me trompe, j'ay du moins cet avantage de connoîstre celles qui me manquent. Je ne veux pas toutefois vous en faire une confidence entière, et vous n'en sçavez dèsjà que trop, pour le dessein que j'ay de vous supplier de faire recevoir agréablement mes soumissions à M. Rivet et de me faire obtenir l'amitié de Mlle du Moulyn cette digne fille d'un père si illustre et si fameux. Vous sçavez combien cette amitié est précieuse, et vous sçavez de plus qu'à l'endroit où elle vous parle du portrait de Mlle de Schurman, elle m'en fait espérer la plus obligeante marque que personne ne peust jamais recevoir si ce n'estoit qu'elle y voulut adjouster le sien. Tout de bon, cette parole qu'elle a peut estre dit sans dessein m'a donné une si véritable joye, que vous aurez quelque inhumanité pour moy, si vous ne m'aidiez à luy persuader de me tenir sa promesse. Vous sçavez Monsieur, que parmy ce grand nombre de portraits que vous avez veus chez nous et que mon frère a rassemblés avec tant de soin, il y en a de personnes assez illustres pour croire que le sien ne sera pas profané. Employez donc toute votre addresse, et toute vostre éloquence pour me faire posséder un trésor si précieux. Je say bien, Monsieur, que je n'en suis pas digne, mais aussy n'est-ce que par vostre seul mérite que je prétens obtenir le portrait de cette admirable fille que des Reines vont visiter aussy bien que Salomon et Alexandre. (1) En voilà assez pour une personne à demy malade qui ne receut votre lettre qu'hier au soir, et en voilà trop pour lasser vostre patience à moins que d'avoir la bonté de m'excuser par la connoissance que vous devez avoir que je vous honnore infiniment, et qu'il n'y a point de difficulté que je ne surmontasse pour vous tesmoigner par quelque agréable service à quel point, je suis, etc.

(1) Christine de Suède avait été visiter Mlle de Schurman à Utrecht.

VIII

Conrart à Rivet.

17 mai 1647.

. . . Tous les savans auront assurément de la joye si Mlle de Schurman suit le conseil que vous et M. Spanheim luy avez donné pour faire une édition de ses œuvres plus ample que la première : mais pour moy ce me sera un nouveau deplaisir qui me fera ressentir bien vivement la peine de mon ignorance, car je croy qu'elle ne voudra mettre au jour que celles qu'elle a escrites en latin, quoiqu'il ne luy puisse estre que très avantageux de publier aussy celles qu'elle a faites en nostre langue. Sa dernière à Mlle vostre niècc en est une preuve et j'y trouve tant de grâces, non seulement pour l'esprit, mais encore pour la diction que je ne puis concevoir comme une hollandaise qui n'a jamais esté en France en peut parler et écrire le langage si bien et si délicatement. Mais il ne faut plus s'étonner de rien de ce qu'elle fait, puisqu'elle ne fait presque que des miracles. Je juge comme vous par cette belle lettre qu'elle ne se veut pas engager dans le différent touchant la Pucelle, de sorte qu'il faudra que Mlle vostre nièce achève de le vuider selon vostre avis avec Mlle de Scudery. Aussy bien se prend-elle à elle dans l'extrait d'une lettre que j'ai reçue d'elle et que j'envoye à Mlle du Moulin. Elle vous le fera voir et je m'assure que vous ne le trouverez pas moins élégant que ce que vous avez déja veu de cette excellente personne qui est certes très digne de l'estime que vous faites d'elle, et qui la reçoit avec autant de modestie que si elle ne le méritoit pas...

IX

Conrart à Mademoiselle du Moulin

Ce 17 May 1647.

Mademoiselle,

Je ne saurois croire que vous soyez si paresseuse que vous distes, ny que vous aymiez tant à dormir. Sans doute vous employez vostre temps à des choses plus sérieuses qu'à m'écrire : et parceque vous faites profession, non seulement de ne vous vanter pas de vos vertus, mais de les cacher, vous avez esté bien aise de me faire accroire que l'envie de vous coucher ne vous permettoit de me faire qu'un billet, et que la paresse vous avoit fait garder longtemps la belle lettre de Mlle de Schurman. C'est encore par la mesme raison que vous m'avez mandé qu'il vous siéroit fort mal de faire l'entendüe entre M. Rivet et son excellente fille. Quoy que vous faciez, vous serez très entendüe, et je veux bien m'en rapporter à eux mesmes et passer condamnation, s'ils ne vous condamnent. J'envoye aujourd'hui cette lettre de vostre incomparable sœur à Mlle de Scudery qui la trouvera sans doute la plus galante et la plus délicate du monde aussy bien que moy. Elle m'en escrit une dont je vous envoye un extrait, parce qu'elle parle d'affaires particulières, et qu'estant escrite fort large elle feroit un trop gros paquet. Vous y verrez cette belle manière d'écrire que vous avez déjà tant estimée, l'opinion qu'elle a de vous, et l'éclaircissement qu'elle vous demande sur certaines choses qu'elle a lues dans la première lettre que vous me fistes l'honneur de m'écrire sur le sujet de la Pucelle. M. vostre oncle m'a mandé que vous tiendriez sa place dans cette lice. Elle est assez considérable pour ne la refuser pas; vous estes très capable de la remplir dignement, et vous aurez en teste un adversaire qui ne seroit pas mesprisé des admirateurs mesmes de vostre aimable sœur d'alliance, qui ont accoustumé de se faire admirer eux mesmes. Ne pensez pas me payer de vostre paresse en cette rencontre. Défendez vous courageusement et montrez que vos armes sont également fortes et brillantes. Celles dont vous vous estes servie dès la première jouste, qui ne fut pourtant que comme vostre coup d'essai, ont esté trouvées merveilleuses par toutes les personnes qui ont accoustumé de n'en voir et de n'en manier que d'extraordinaires. J'attendray donc de vos nouvelles avec le portrait que vous avez promis à Mlle de Scudery, et cependant, je demeureray, Mademoiselle, vostre très humble et très obéissant serviteur,

CONRART.

X

Mademoiselle Marie du Moulin à Mr Conrart.

Monsieur,

Vos lettres du 17me du courant me font presque croire la conjecture de ma docte sœur, asçavoir que vous voulez semer de la division entre les filles pour estre spectateur, et juge des coups et vous en divertir ; d'autant mieux que moins vous avez à craindre que le sang ne sorte d'une telle guerre. Je pense à la vérité que le divertissement ne seroit pas désagréable si vous aviez trouvé des combatantes à peu près de forces égales, mais en me mestant Mlle de Scudery en teste, vous n'auriez non plus de plaisir qu'à voir partir un esseu d'un bras robuste et adroit et renvoyé faiblement et de mauvoise grace, et je pensois que vous aviez trop de charité pour moy, pour m'engager en une lice où je demeurerois de si loing derrière. Vous voulés pourtant que je combate et me criés courage, et refusés de prendre aucune excuse en paye, et encore contre qui, contre une personne que je voudrois plustôt embrasser, et qui me prouve par l'extrait que vous m'avez envoyé de sa lettre que nous avions les mesmes sentiments au principal, avant que nous eussions contesté ensemble. J'acquiesce au reste de bon cœur, et veux croyre que la Pucelle a esté a bon droit nommée telle et qu'elle estoit trop généreuse pour tomber en la plus haute lacheté où une fille puisse arriver: j'ay seulement un petit sujet de me pleindre d'elle en ce qu'elle m'accuse d'avoir en mépris la valeur et cette vertu héroïque qui emporte a bon droict le prix sur toutes les habitudes de nos âmes, et je ne doute point qu'une fille en puisse estre ornée et qu'elle n'en puisse donner des preuves en la conduite de sa vie, sans entrer au Champ de Mars; il n'est besoin de longues preuves pour me faire croyre que ce n'a pas esté l'exercice de celle dont nous parlons: la solidité d'élégance de son discours fait assés cognoistre qu'elle a plus demeuré en l'échole de Minerve qu'en celle de Bellone. Je ne l'en estime pas moins généreuse; je me figure une idée de sa vertu autant parfaite que mon imagination en est capable. J'honore parfaitement ses rares vertus et chéris au possible la part que vous m'avez acquise en sa bienveillance. Conservés la moy, je vous supplie, en l'assurant aux occasions du respect que je porte à son mérite et de la passion que j'ay de la servir où elle m'en jugera capable. Je vous ay envoyé le portraict qu'elle désire par ma niepce laquelle sera bientôt à Paris si elle n'y a desjà passé. Elle vous aura, si elle a suivi mon ordre, asseuré de mon entière affection et du dessein que j'ay fait d'estre toute ma vie

Monsieur, votre, etc.

XI

Conrart à Mlle Marie du Moulin

28 juin 1647,

Mademoiselle,

Je ne vous céleray point que je n'aye eu de la joye de vous voir engagée dans un combat où je savois qu'il n'y auroit point de sang répandu et où je voiois les parties si égales qu'il estoit aisé de juger que la victoire seroit long temps disputée : je vous advoue encore que je voudrois que cette contestation eust duré plus longtemps et que j'aurois veu avec plaisir les beaux coups que vous et vostre rivale eussiez encore pû faire. Vous avez toutes deux les armes si belles et si bien à la main qu'il n'y a rien de sy agréable que de veoir comme vous vous en savez servir de bonne grâce. Mais enfin vous vous estes lassées l'une et l'autre de faire honte aux hommes; vous avez eu pitié d'eux, et vous n'avez pas voulu leur reprocher davantage leur faiblesse et leur peu d'adresse, en leur faisant voir combien vous les surpassez en force et en la belle manière de l'exercer. C'est pour cela sans doute que vous avez résolu en même temps, quoy que sans le contester, de ne plus combattre, ou pour mieux dire de changer de batterie et de n'essayer de vous vaincre que par des louanges et des déférences. En effet il seroit bien malaisé de dire laquelle de vous deux est la plus éloquente et la plus civile. Quand je considère la dernière lettre que vous m'avez fait l'honneur de m'escrire, et l'extrait que je vous envoye d'une que j'ay reçue de Mlle de Scudery, il me semble que je vois deux des Grâces qui se couronnent de fleurs et qui travaillent avec émulation chacune à rendre sa guirlande plus belle. Encore que ce me soit un sujet de déplaisir de me veoir si fort au dessous de vous et d'elle, pour la beauté de l'esprit et pour les charmes du discours, je me console néantmoins par la pensée d'avoir part en la bienveillance de deux filles si habiles et sy généreuses; et je me figure que je vaux quelque chose, puisqu'elles daignent me rendre le dépositaire de leur aymable correspondance et de leurs doctes entretiens; vous me dispenserez, mademoiselle, de vous rien dire de cette rare personne, puisque ce que je vous en dirois seroit bien faible auprès de ce qu'elle dit elle-même et je lui diray rien de vous non plus pour la mesme raison, mais je lui envoyeray la copie de vostre belle lettre qui la satisfera infiniment plus que tout ce que je lui pourrois mander. Vous voyez ce qu'elle se promet de vostre généreuse amitié, et de l'effet de vostre promesse. J'attends l'arrivée de Mlle vostre nièce pour recevoir d'elle le portrait de Mlle de Schurman qu'elle attend avec tant de désir et d'impatience. Vous ferez part, s'il vous plaist, à cette incomparable fille de l'éloge que je vous envoye et qu'elle doibt partager avec vous ; si j'osois me mesler parmi des personnes à qui je suis si fort inférieur en toutes manières, je vous supplierois très humblement que mon nom fust joint dans la lettre que vous luy écrivez avec le vostre et celui de Mlle de Scudery et qu'elle apprist de vous, mais de bonne sorte, que je suis son très-humble serviteur et son perpétuel admirateur. Pour vous, mademoiselle, vous me feriez un extrême tort si vous croyiez qu'il y eust personne au monde qui fust plus que moy,

Vostre très obéissant et très-acquis serviteur

CONRART.

Mademoiselle,

Mlle Conrart vous assure de son très-humble service, elle et moy aurons soin de nous enquérir de la venüe de Mlle vostre nièce pour luy offrir tout ce que nous devons à une personne que vous aymez et qui vous touche de si près. J'espère vous envoyer dans quelques jours les livres que vous m'avez chargé de bailler à Mlle Dauber, parce qu'elle se dispose à partir bientôt.

XII

Extrait d'une lettre de Mademoiselle de Scudéry.

Il est juste que je vous témoigne la joye que j'ay que l'illustre mademoiselle de Schurman ait été assez équitable pour ne se déclarer point contre la Pucelle. Ce n'est pas que connoissant la différence qu'il y a entre cette excellente fille et moy je n'eusse lieu de croire, que comme ma témérité n'a pas esté imprudente lorsque j'ay attaqué M. Rivet, parce que j'en pouvois estre vaincüe sans honte, de même la retenüe de Mlle de Schurman est judicieuse de ne vouloir pas combattre une personne de qui la défaite ne luy donneroit pas grande gloire. Mais en cette occasion, je pense qu'il luy est plus avantageux et à moi aussi de louer sa justice et sa générosité que sa prudence et de croire que si elle n'a pas contredit mes raisons c'est parce qu'elle a connu l'innocence de ma bergère et que la vertu malheureuse ne peut manquer d'estre protégée par une âme aussi héroïque que la sienne. Ne vous étonnez pas, M. si je ne vous parle point des louanges qu'elle me donne, car je vous avoüe que j'y dois si peu prendre part, que je ne saurois croire qu'elles m'appartiennent; aussi vous puis-je assurer que je les reçois avec aussi peu de vanité que ceux qui en offrant de l'encens dans nos temples ne laissent pas d'en recevoir une partie. Cette illustre fille a sans doute creu, que les véritables loüanges que je lui ai données méritoyent bien quelques flateries et qu'elle pouvoit dire un mensonge innocemment en faveur d'une personne qui avoit protégé l'innocence opprimée. Pour ce qui est de M. Rivet je trouve qu'il a grande raison de préférer son repos et ses estudes aux soins d'une injuste guerre, et pour Mlle du Moulin je souhaite qu'elle n'oublie pas de tenir sa parole pour le portrait de Mlle de Schurman et que le souvenir de nostre combat ne l'empesche pas de me croire sa très-humble servante. Lorsque j'auray receu ce précieux présent, je ne manqueray pas de vous entretenir plus longtemps. Mais pour aujourd'huy, je vous en ay assez dit, pour une personne qui se va faire saigner et qui a encore trois lettres à écrire. Souffrés donc que je finisse celle-cy, en vous assurant que je suis de toute mon affection, etc.

XIII

Mademoiselle de Scudery à Mademoiselle Marie du Moulin.

Marseille, le 21 d'Aoust,

Mademoiselle,

Comme la reconnoissance est un pur sentiment du cœur plustôt que raisonnement d'esprit, j'ay creu qu'encore que je fusse dans tout l'embarras que peut causer un voyage de deux cents lieues que j'espère commencer dans une heure, je ne devois pas attendre que j'eusse plus de loisir que je n'en ay à vous rendre grâce de la faveur que vous m'avez faite de m'envoyer le portrait de l'illustre Mlle de Schurman. La diligence qui donne un si grand prix à toutes sortes de bonnes offices doit ce me semble en donner aussi à la gratitude et il vaut beaucoup mieux faire une civilité un peu en tumulte que donner loisir à une personne généreuse comme vous d'oublier ses propres bien faits auparavant qu'elle en ait receu le remerciment. Recevez donc, Mlle, toutes les grâces que ie vous rends; mais recevez les, ie vous en coniure, comme venant d'une personne que vostre rare vertu vous a absolument acquise et qui met au nombre de ses plus glorieuses advantures celle de vostre connoissance et de vostre affection ; et certes à dire vray vous m'en donnez des marques d'une façon si obligeante qu'il faudroit estre esgalement stupide et insensible pour n'en estre pas touchée. Toutes les amitiés commencent d'ordinaire par de simples complaisances et ce n'est que dans leurs suites et dans leurs progrès qu'il est permis d'espérer de bons offices et d'attendre de grands témoignages de générosité et de tendresse. Mais pour la vostre on peut dire qu'elle tient quelque chose de la nature de l'amour (s'il est tel qu'on nous despeint); elle n'est pas plus tost, qu'elle est officieuse, agissante et libérale jusques à tel point qu'elle donne ce que l'on doit préférer à tous les thrésors et à toutes les richesses imaginables. En effet le portrait d'une personne aussy illustre que Mlle de Schurman envoyé par une main aussi chère que celle de Mlle du Moulin et receu par un aussi honneste homme que M. Conrart est une faveur si signalée que rien ne la sauroit esgaler. Aussy vous puis-ie assurer que je la vante comme je dois et pour vous tesmoigner le respect que ie porte à la merveilleuse fille dont vous m'avez envoyé l'image, je n'ay pas voulu qu'après avoir passé les mers pour venir en France à ma considération, elle eust encore la peine de me venir trouver à Marseille; et j'ay cru que ie devois bien aller d'un bout du royaume à l'autre et passer pour le moins plusieurs rivières pour recevoir un si grand honneur et si grand plaisir. Ce n'estoit point sans doute au bord de la Méditerrannée que je devois attendre le portrait de Mlle de Schurman et le voisinage d'Alger a rendu Marseille trop barbare pour mériter cette gloire. Véritablement si elle eust encore esté ce qu'elle estoit du temps que Rome mesme, à ce que j'ay ouï dire, s'abaissoit iusques à envoyer quelques uns de ses citoyens pour apprendre les sciences de ces fameux Grecs dont elle estoit habitée, je vous advoüe que ie n'en aurois pas usé ainsi; mais comme il ne reste mesme plus nuls vestiges des maisons de ces sçavants hommes qui l'ont rendue si célèbre et que le temps n'a mesme pas épargné le marbre et le bronze qui en pouvoient perpétuer la mémoire, je pense que Paris est le seul lieu où on lui doit offrir de l'encens. Souffrés donc que je vous quitte pour luy aller rendre ce devoir et que je vous assure en vous quitant que je ne perdrai jamais le souvenir de ce que je vous dois ni l'envie de vous témoigner par quelque agréable service à quel point je suis,

Mademoiselle,

Votre très-humble et très-obéissante servante,

MADELEINE DE SCUDERY (1).

(1) *Loc. cit.* p. 37. V°. — M. Rathery a donné cette lettre dans son volume sur Mlle de Scudéry, d'après le Bulletin de la Société de l'histoire du Protestantisme français t. X, 387.

XIV

Mademoiselle du Moulin à Mademoiselle de Scudery.

Mademoiselle,

Entre toutes les obligations que j'ay à M. Conrart je mets pour la plus considérable celle de m'avoir si acortement insinuée en vos bonnes grâces, et quoy qu'il ait flatté le portrait qu'il vous a fait de moy je ne lui en saurois faire reproche puisque par ce moyen il est arrivé à son but et qu'il m'a acquis par son adresse ce que je n'eusse jamais possédé par la mienne. D'abord que j'eus parcoureu le premier tableau de vos belles conceptions, je crus qu'il m'estoit bien loisible de vous admirer mais je ne conceus pas l'espérance de vous pouvoir obliger, ce que j'eusse fait sur le champ si j'eusse sceu qu'il y avoit si peu de difficulté; et que vous rendiés avec tant d'usure les bienfaits que vous vous persuadés avoir receus, affin d'avoir sujet d'exercer vostre libéralité. Souffrés que je vous représente comme vous avez agi envers moi afin que vous voyez que je l'ay observé et que si vous devez porter le nom de libérale je ne dois pas avoir celuy d'ingrate ; vous m'avez prévenu en me faisant sçavoir par un tiers ce que vous valiés et pour ce que l'eclat de vos conceptions avoit esclėré mon esprit, ensuite qu'il vous a renvoyé quelque petite lueur, vous vous en estes sentie obligée comme si vous n'en eussiez pas esté la première cause ; et parce que j'avois dit un peu plus amplement que vous estiez une sçavante personne, vous m'avez renvoyé des discours capables de me rendre telle si ma mémoire estoit capable de les retenir. Je vous ai envoyé une image morte de ma célèbre belle-sœur, et vous m'avez renvoyé une vive image de la plus belle partie de vous-mesme et encore vous dites-vous ma redevable et pour me payer vous vous donnez vous-mesme qui est le plus précieux et le plus advantageux présent que vous m'eussiez peu faire. Bien loin que je le refuse je le veux, soyez mienne et que je sois vostre ; voire, que nous ne soyons qu'un ; l'Océan qui nous sépare n'empeschera point cette union d'esprit et qui sçait s'il nous séparera longtemps ; celle qui a bien voulu faire deux cents lieues pour venir au devant d'un petit portrait muet sans doute, ne fera point de difficulté d'en faire cinquante pour voir l'original, duquel le plus exquis ne s'imite point par le pinceau ;

je me flatte agréablement de cette imagination et me représente avec quel plaisir je vous verrois, je vous embrasserois et vous dirois de bouche que je suis véritablement, Mademoiselle, Vostre, etc.

Le tournoi ne pouvait mieux finir : grâce à la diplomatie savante du mestre de camp général Conrart. Les deux rivales se sont embrassées. La cause est entendue. Au revoir, ami lecteur, jusqu'à la première prise d'armes.

TABLE DES MATIÈRES

www.ingramcontent.com/pod-product-compliance
Ingram Content Group UK Ltd.
Pitfield, Milton Keynes, MK11 3LW, UK
UKHW021112260726
13994UKWH00002B/854

9 782329 397955